ROBIN SHARMA

De monnik die zijn Ferrari verkocht

Uitgeverij Elmar

Voor mijn zoon Colby,
die mij dagelijks herinnert aan al
het goede in deze wereld.
Veel geluk.

13e druk, oktober 2020

De monnik die zijn Ferrari verkocht
is een uitgave van Uitgeverij Elmar BV – Delft
Oorspronkelijke titel: *The Monk Who Sold His Ferrari*
Copyright © 1997 by Robin S. Sharma
Published by arrangement with
HarperCollins Publishers Ltd, Canada.
Nederlandse vertaling: Monique Eggermont
Copyright Nederlandse vertaling
© 2005, Uitgeverij Elmar bv, Delft
De eerste druk van deze uitgave
verscheen in 1999 bij Uitgeverij Bzztôh, Den Haag

ISBN 978 90389 2546 2
NUR 341

Inhoud

1 Het ontwaken — 7
2 De mysterieuze bezoeker — 12
3 De wonderbaarlijke metamorfose van Julian Mantle — 15
4 Een magische ontmoeting met de Wijzen van Sivana — 24
5 Een spirituele leerling van de Wijzen — 27
6 De wijsheid van persoonlijke verandering — 31
7 Een zeer bijzondere tuin — 38
8 Je innerlijke vuur aanwakkeren — 63
9 De eeuwenoude kunst van het zelfmeesterschap — 80
10 De kracht van discipline — 118
11 Het hoogste goed — 130
12 Het ultieme levensdoel — 141
13 Het tijdloze geheim van een leven lang gelukkig zijn — 147

Het leven is geen kaarsje voor me.
Het is meer een prachtig brandende fakkel
die ik even vasthoud,
en die ik zo fel mogelijk wil laten branden
voor ik hem doorgeef aan de volgende generatie.
George Bernard Shaw

Hoofdstuk 1

Het ontwaken

Hij viel midden in een bomvolle rechtszaal neer. Hij was een van 's lands meest vooraanstaande advocaten. Hij was ook een man die even beroemd was om zijn Italiaanse kostuums van drieduizend dollar, die zijn weldoorvoede lichaam omsloten, als om zijn opmerkelijke reeks overwinningen in de rechtszaal. Ik stond stokstijf, verlamd van schrik door wat ik zojuist had gezien. Van de geweldige Julian Mantle was niets meer over dan een slachtoffer, kermend op de grond als een hulpeloos kind, trillend en bevend en zwetend als een otter.

Vanaf dat moment leek alles zich in slow-motion te voltrekken. 'Mijn god, er is iets mis met Julian!' riep zijn assistente ten overvloede in haar emotionele toestand. De rechter had een panische blik in haar ogen en mompelde iets in de privé-telefoon die zij had laten installeren voor noodgevallen. Wat mij betrof, ik kon alleen maar verward en verbijsterd blijven toekijken. *Ga alsjeblieft niet dood, ouwe dwaas. Het is nog veel te vroeg om er tussenuit te knijpen. Zo'n dood verdien je niet.*

De parketwachter, die er tot dan had bijgestaan als een mummie, ging opeens tot actie over en begon de rechtsheld te reanimeren. De assistente zat vlak naast hem, haar lange blonde krullen hingen over Julians knalrode gezicht, en ze fluisterde hem zacht troostende woorden toe, woorden die hij overduidelijk niet kon horen.

Ik kende Julian al zeventien jaar. We hadden elkaar ontmoet toen ik als jonge student door een van zijn collega's werd ingehuurd voor onderzoekswerkzaamheden. In die tijd had Julian het al gemaakt. Hij was een briljant, knap en onbevreesd advocaat die het nog ver zou schoppen. Julian was de jonge ster van de firma, de veelbelovende jurist. Ik herinner me dat ik op een avond toen ik tot laat moest overwerken langs zijn vorstelijke kantoor liep en een glimp opving van een ingelijste uitspraak die op zijn kolossale eiken bureau stond. Het was een citaat van Winston Churchill en het sprak boekdelen over het type man dat Julian was:

Ik weet zeker dat we vandaag ons lot meester zijn, dat de taak die ons wacht onze krachten niet te boven gaat; dat de moeite en inspanningen niet te veel zijn voor ons uithoudingsvermogen. Zolang we geloven in onze zaak en een onbedwingbare wil tot winnen hebben, zal de zege ons niet onthouden blijven.

Julian handelde ook naar zijn ideeën. Hij was sterk, energiek en bereid om dagelijks achttien uur te werken om het succes te bereiken dat, naar hij geloofde, voor hem was weggelegd. Naar verluidt was zijn grootvader een vooraanstaand senator geweest, en zijn vader een zeer gerespecteerd rechter aan het Federale Gerechtshof. Het was duidelijk dat hij uit een rijk milieu stamde en dat er enorme verwachtingen op zijn in Armani gestoken schouders rustten. Ik moet hem wel een ding nageven: hij deed het allemaal op eigen kracht. Hij was vastbesloten om alles op zijn eigen manier aan te pakken – en hij maakte daar graag een vertoning van.

De shows die Julian in de rechtszaal opvoerde, haalden regelmatig de voorpagina's. Rijkelui en beroemdheden kwamen naar hem toe wanneer ze een uitmuntend juridisch adviseur met een agressief trekje nodig hadden. En om zijn escapades buiten de rechtszaal was hij al even bekend. Bezoekjes 's avonds laat met jonge, sexy modellen aan de beste restaurants van de stad en roekeloze drinkgelagen met de luidruchtige troep effectenmakelaars die hij zijn 'destructieteam' noemde, droegen bij aan zijn legendevorming op kantoor.

Ik weet nog steeds niet precies waarom hij mij uitzocht als compagnon voor de sensationele moordzaak die hij die eerste zomer moest verdedigen. Hoewel ik gestudeerd had aan Harvard Law School, zijn alma mater, was ik absoluut niet de schranderste van de firma, en door de aderen van mijn familie stroomde ook al geen blauw bloed. Mijn vader was, na een korte periode bij de marine, zijn hele leven beveiligingsbeambte bij een lokale bank geweest. Mijn moeder groeide zonder veel poespas op in de Bronx.

En toch koos Julian mij uit al diegenen die stilletjes geprobeerd hadden hem zover te krijgen dat ze hem mochten bijstaan in wat bekend werd als 'de Moeder van alle Moordzaken'; hij zei dat hij mijn 'honger' waardeerde. Natuurlijk wonnen we die zaak, en de bedrijfsfunctionaris die beschuldigd was van de wrede moord op zijn vrouw was nu een vrij man – althans zo vrij als zijn geweten dat toeliet.

Die zomer leerde ik een heleboel. Het was veel meer dan een les in hoe je zonder enige aanwijsbare reden ergens twijfel kon zaaien – iedere zichzelf enigszins respecterende advocaat kan dat leren. Dit was een les in de psychologie van het winnen en een zeldzame gelegenheid om een meester in actie te zien. Ik zoog alles op als een spons.

Op Julians verzoek bleef ik als zijn compagnon bij de firma, en al snel ontwikkelde zich een blijvende vriendschap tussen ons. Ik moet toegeven dat hij niet de gemakkelijkste was om mee te werken. Werken als zijn ondergeschikte was een oefening in frustratie, die meer dan eens tot laat op de avond tot veel geschreeuw over en weer leidde. Deze man wilde zijn eigen wil doordrijven. Hij kon nooit iets verkeerd doen. Maar onder die ruwe bolster school een man die duidelijk om mensen gaf.

Hoe druk hij het ook had, hij vroeg altijd naar Jenny, de vrouw die ik nog steeds 'mijn bruid' noem, ook al zijn we al sinds mijn studie getrouwd. Toen hij er via een andere medewerker achter kwam dat ik financieel nogal krap zat, regelde hij een behoorlijke toelage voor me. Goed, hij kon het zijn vrienden knap lastig maken, en zeker, hij maakte het graag nogal bont, maar hij verwaarloosde ze nooit. Het probleem was in feite dat Julian geobsedeerd was door zijn werk.

De eerste paar jaar voerde hij voor het lange werken als excuus aan dat hij het 'voor de firma' deed, en dat hij van plan was een maandje vrijaf te nemen voor een vakantie op de Kaaiman-eilanden, 'in elk geval toch deze winter'. Maar naarmate de tijd verstreek, werd Julians naam steeds meer geroemd en kreeg hij steeds meer werk. De processen werden steeds groter en verliepen steeds beter, en Julian, die maar al te graag een uitdaging aannam, bleef zich er altijd tot het uiterste voor inzetten. In zijn zeldzame momenten van rust vertrouwde hij me toe dat hij niet langer dan een paar uur kon slapen zonder wakker te worden met een schuldgevoel omdat hij niet aan een dossier werkte. Het werd me al snel duidelijk dat hij werd verteerd door een honger naar meer: meer prestige, meer roem en meer geld.

Zoals verwacht schopte Julian het heel ver. Hij bereikte alles wat je je maar kunt wensen: de reputatie van een topadvocaat met een inkomen van zeven cijfers, een spectaculair landhuis in een buurt die voornamelijk door beroemdheden werd bewoond, een privé-vliegtuig, een zomerverblijf op een tropisch eiland en zijn meest geliefde bezit – een glanzende, rode Ferrari op de oprijlaan.

En toch wist ik dat alles niet zo idyllisch was als het op het eerste gezicht leek. Ik zag de donkere tekens aan de wand, niet omdat ik zo veel beter keek dan de anderen bij de firma, maar simpelweg omdat ik de meeste tijd met hem doorbracht. Wij waren altijd bij elkaar omdat we samenwerkten. Het leek nooit meer rustig te worden. Altijd verscheen aan de horizon wel weer een gigantische zaak, nog groter dan de vorige. De voorbereiding was naar Julians idee nooit intensief genoeg. Wat zou er gebeuren als de rechter zus of zo zou vragen, wat God mocht verhoeden? Wat zou er gebeuren als het onderzoek niet tot in de puntjes was uitgevoerd? Wat zou er gebeuren als hij midden in een volle rechtszaal verrast zou worden, als een hert dat plotseling als verlamd in de schijnwerpers van een auto stilstaat? Dus spanden we ons tot het uiterste in, en ik werd ook meegezogen in die wereld die alleen uit werken leek te bestaan. Daar zwoegden we, twee slaven van een of andere monoliet van staal en glas, terwijl normale mensen thuis bij hun kinderen waren, en we dachten ook nog dat we de wereld te slim af waren, verblind als we waren door onze illusie van succes.

Hoe meer tijd ik met Julian doorbracht, hoe beter ik zag dat hij zichzelf te gronde richtte. Het was net alsof hij leed aan een doodsverlangen. Niets gaf hem ooit echt voldoening. Uiteindelijk mislukte zijn huwelijk, sprak hij niet meer met zijn vader en, hoewel hij in materieel opzicht alles had wat hij maar kon wensen, had hij toch niet gevonden waarnaar hij op zoek was. Het was hem aan te zien, in emotioneel, fysiek en spiritueel opzicht.

Op zijn drieënvijftigste zag Julian eruit als iemand van achter in de zeventig. Zijn gezicht was een en al rimpel, een weinig fraai gevolg van zijn 'mij-krijg-je-niet-klein'-mentaliteit in het algemeen en de enorme stress van zijn onevenwichtige levensstijl in het bijzonder. De etentjes 's avonds laat in dure Franse restaurants, het roken van dikke Cubaanse sigaren en het drinken van het ene cognacje na het andere, hadden hem een gênant overgewicht bezorgd. Hij klaagde voortdurend dat hij zich niet lekker voelde en moe was van het niet lekker zijn. Hij had zijn gevoel voor humor verloren en er kon nauwelijks meer een lachje af. Zijn ooit zo geestdriftige aard had plaatsgemaakt voor dodelijke somberheid. Persoonlijk denk ik dat hij geen enkel doel meer in zijn leven had.

Misschien was nog het meest trieste dat hij ook zijn flair in de rechtszaal had verloren. Waar hij ooit iedereen verblindde met zijn welsprekende en onweerlegbare pleidooien, zeurde hij nu uren door over onduidelijke situaties die in de ogen van het Hof weinig of niets met de zaak te maken hadden. Waar hij ooit met veel schwung reageerde op de bezwaren van de tegenpartij, gaf hij nu blijk van een bijtend sarcasme dat het geduld van de rechters, die hem ooit gekend hadden als een genie, danig op de proef stelde. Om kort te gaan, Julians levensvlam begon te flakkeren.

Niet alleen door de spanningen die zijn koortsachtige tempo met zich meebracht, stond hem een vroege dood te wachten. Ik voelde dat het veel dieper ging. Het leek meer iets spiritueels. Bijna elke dag vertelde hij me dat hij geen hartstocht meer voelde voor wat hij deed en dat hij zich omhuld voelde door leegte. Julian zei dat hij als pas beginnend advocaat dol was geweest op zijn werk, ook al was hij daar aanvankelijk toe aangezet onder druk van zijn familie. De complexiteit en de intellectuele uitdaging van de wet hadden hem weten te boeien en gestimuleerd. De mogelijkheid die hij hierdoor kreeg om sociale veranderingen te bewerkstelligen hadden hem geïnspireerd en gemotiveerd. In die tijd was hij meer dan alleen een rijke kerel uit Connecticut. Hij zag zichzelf werkelijk als iemand die goed kon doen, een instrument voor sociale vooruitgang die zijn talenten kon aanwenden om anderen te helpen. Die visie gaf zijn leven zin, gaf hem een doel en voedde zijn verwachtingen.

Maar er was meer gebeurd waardoor hij zo uit balans was geraakt. Er was hem iets tragisch overkomen, voordat ik bij de firma was gekomen. Het was echt iets verschrikkelijks geweest, aldus een van de oudere collega's, maar ik kon er niet achter komen wat. Zelfs de oude Harding, die bekendstond om zijn loslippigheid en meer tijd doorbracht in de bar van het Ritz-Carlton dan in zijn beschamend grote kantoor, zei dat hij geheimhouding gezworen had. Wat zijn diep verborgen geheim ook was, ik had een vermoeden dat het, op een of andere manier, mede de oorzaak was van Julians neergaande spiraal. Natuurlijk wilde ik het graag weten, maar ik wilde bovenal iets voor hem doen. Hij was niet alleen mijn leermeester; hij was ook mijn beste vriend.

En toen gebeurde het. De zware hartaanval die de briljante Julian Mantle weer terugzette op aarde en hem zijn sterfelijkheid in herinnering bracht. Midden in rechtszaal nummer zeven, op een maandagochtend, dezelfde ruimte waar we 'de Moeder van alle Moordzaken' hadden gewonnen.

Hoofdstuk 2

De mysterieuze bezoeker

Er werd een spoedvergadering bijeengeroepen voor alle medewerkers. Toen we ons in de bestuurskamer persten, voelde ik dat er een ernstig probleem was. De oude Harding sprak als eerste de verzamelde menigte toe.

'Ik ben bang dat ik zeer slecht nieuws heb. Julian Mantle heeft gisteren in de rechtbank een zware hartaanval gehad. Hij ligt nu op de intensive care, maar volgens zijn artsen is zijn conditie stabiel en komt alles weer goed met hem. Julian heeft echter een beslissing genomen, waarvan ik vind dat jullie die allemaal moeten weten. Hij komt niet meer terug.'

Ik was diep geschokt. Ik wist dat hij problemen genoeg had gehad, maar ik had nooit gedacht dat hij het op zou geven. En na wat we allemaal samen hadden meegemaakt, vond ik dat hij wel het fatsoen had kunnen opbrengen om mij dit persoonlijk mee te delen. Hij wilde me in het ziekenhuis niet eens ontvangen. Iedere keer dat ik langsging, vertelden de verpleegsters me dat hij lag te slapen en niet gestoord mocht worden. Hij nam zelfs mijn telefoontjes niet aan. Misschien herinnerde ik hem aan het leven dat hij wilde vergeten. Wie zal het zeggen? Maar één ding wist ik wel: het deed pijn.

Die hele periode ligt nu iets meer dan drie jaar achter me. Het laatste wat ik hoorde was dat Julian naar India was vertrokken, op een of andere expeditie. Hij had een van de collega's verteld dat hij eenvoudiger wilde gaan leven, en dat hij 'een paar antwoorden' ging zoeken, in de hoop dat hij die in dat mystieke land zou vinden. Hij had zijn landhuis, zijn vliegtuig en zijn privé-eilandje verkocht. Hij had zelfs zijn Ferrari verkocht. Julian Mantle als Indiase yogi, dacht ik, Vrouwe Justitia bewandelt mysterieuze wegen.

In die afgelopen drie jaar veranderde ik van een te hard werkende jonge advocaat in een vermoeide, enigszins cynische oudere advocaat. Mijn vrouw Jenny en ik stichtten een gezin. Uiteindelijk begon ik me ook bepaalde dingen af te vragen. Ik denk dat dat kwam doordat er kinderen kwamen. Zij veranderden fundamenteel de manier waarop ik naar de wereld en mijn rol daarin keek. Mijn vader drukte het heel goed uit toen hij zei: 'John, op je sterfbed zul je nooit wensen dat je meer tijd had doorgebracht op kantoor.' Dus begon ik wat meer tijd thuis door te brengen. Ik stelde me tevreden met een heel aangenaam, zij het doodgewoon, leventje. Ik sloot me aan bij de Rotary Club en speelde zaterdags golf om mijn partners en cliënten tevreden te houden. Maar ik moet zeggen, op stille momenten dacht ik vaak aan Julian en vroeg ik me af wat er van hem was geworden in de jaren dat we zo onverwachts uit elkaar waren gegaan.

Misschien was hij permanent in India gaan wonen, een land met zoveel verschillende kanten dat zelfs een rusteloze ziel als hij er zich thuis zou kunnen voelen. Of wellicht trok hij door Nepal. Of was hij aan het snorkelen op de Kaaiman-eilanden. Eén ding was zeker: hij was niet teruggekeerd om zijn oude beroep weer uit te oefenen. Niemand had ook zelfs maar een ansichtkaart van hem ontvangen sinds zijn door hemzelf opgelegde verbanning.

Ongeveer twee maanden geleden kreeg ik voor het eerst antwoord op enkele van mijn vragen. Ik had een afmattende dag achter de rug toen Genevieve, mijn schrandere assistente, haar hoofd om de deur van mijn kleine, smaakvol ingerichte kantoor stak.

'Hier is iemand voor je, John. Hij zegt dat het dringend is en dat hij niet weggaat voor hij je heeft gesproken.'

'Ik wilde net weggaan, Genevieve,' antwoordde ik ongeduldig. 'Ik ga een hapje eten voordat ik de zaak-Hamilton afrond. Ik heb nu geen tijd. Voor niemand. Zeg maar dat hij een afspraak moet maken, net als iedereen, en bel de veiligheidsdienst als hij problemen veroorzaakt.'

'Hij zegt dat hij je echt moet spreken. Hij accepteert geen nee.'

Even kwam het bij me op om zelf de veiligheidsdienst te bellen, maar toen ik me realiseerde dat het iemand kon zijn die in nood zat, stelde ik me iets milder op.

'Oké, laat maar binnen. Ik zal het geld wel kunnen gebruiken.'

De deur van mijn kantoor ging langzaam een stukje open. Ten slotte zwaaide hij helemaal open, waarna een man van halverwege de dertig glimlachend te voorschijn kwam. Hij was lang, lenig en gespierd, en straalde enorm veel vitaliteit en energie uit. Hij deed me denken aan die perfectelingen met wie ik rechten had gestudeerd, uit zo'n volmaakte familie, met volmaakte huizen, volmaakte auto's en een volmaakt uiterlijk. Maar er was nog iets wat mijn bezoeker zo'n jeugdige uitstraling gaf. Zijn onderliggende rust gaf hem een welhaast goddelijke uitstraling. En zijn ogen. Doordringend blauwe ogen die door me heen gingen als een scheermes voordat het de tere huid raakt van een adolescent die op het punt staat zich voor het eerst te scheren.

Alweer zo'n topadvocaat die uit is op mijn baan, dacht ik. Hemel, waarom blijft hij daar zo naar me staan kijken? Ik hoop dat het niet zijn echtgenote was wier echtscheidingszaak ik vorige week heb gewonnen. Misschien was die veiligheidsdienst bellen toch niet zo'n slecht idee.

De man bleef maar naar me kijken, zo ongeveer als Boeddha naar zijn favoriete leerling zou hebben gekeken. Na een lange, ongemakkelijke stilte sprak hij op verbazend gezagvolle toon: 'Is dit de manier waarop je je bezoekers ontvangt, John, zelfs degene die jou heeft geleerd hoe je in de rechtszaal succes moet boeken? Ik had die vakgeheimen beter voor mezelf kunnen houden,' zei hij, en zijn lippen krulden zich tot een enorm brede grijns.

Ik kreeg een vreemd gevoel in mijn maag. Ik herkende die hese, zoetgevooisde stem. Mijn hart begon luid te bonzen. 'Julian? Ben jij het? Ik geloof het niet! Ben jij het echt?'

De schaterlach van de bezoeker bevestigde mijn vermoeden. De jonge man die daar voor me stond, was niemand minder dan de lang verloren gewaande yogi uit India: Julian Mantle. Ik was verbijsterd door zijn ongelooflijke metamorfose. Verdwenen was die spookachtige teint, die ziekelijke hoest en die lusteloze blik van mijn vroegere collega. Verdwenen was dat verouderde uiterlijk en die morbide uitdrukking die zijn persoonlijk handelsmerk was geworden. In plaats daarvan stond hier een man voor me die blaakte van gezondheid, met een stralend gezicht zonder rimpels. Zijn ogen stonden helder en vormden het bewijs van zijn buitengewone vitaliteit. Misschien was de sereniteit die Julian uitstraalde nog wel het meest verbazingwekkend. Ik voelde me volkomen vredig worden terwijl ik daar naar hem zat te staren. Hij was niet langer de ambitieuze oudere collega van een vooraanstaand advocatenkantoor. Nee, de man hier voor me was jeugdig, vitaal, stralend – een typisch voorbeeld van gedaanteverandering.

Hoofdstuk 3

De wonderbaarlijke metamorfose van Julian Mantle

Ik was stomverbaasd bij het zien van deze nieuwe, herboren Julian Mantle.

Hoe kon iemand die er tot een paar jaar geleden had uitgezien als een vermoeide oude man, er nu zo stralend en levendig uitzien, vroeg ik me in stilte vol ongeloof af. Had hij door een of ander tovermiddel uit de bron der jeugd kunnen drinken? Wat was de oorzaak van deze opvallende verjonging?

Julian nam als eerste het woord. Hij vertelde me dat de superconcurrerende rechtswereld zijn tol van hem had geëist, niet alleen fysiek, maar ook emotioneel en spiritueel. Het hoge tempo en de eindeloze eisen hadden hem uitgeput en verzwakt. Hij gaf toe dat zijn lichaam was ingestort en dat zijn geest was afgestompt. Zijn hartaanval was nog maar één symptoom van een dieper gelegen probleem. De constante druk en het uitputtende werkschema van een advocaat van wereldformaat had ook het belangrijkste – en wellicht het meest menselijke – vernietigd: zijn levenslust. Toen hij door zijn arts voor het ultimatum 'je leven of je werk' was gesteld, zag hij een gouden kans om het innerlijk vuur dat hij in zijn jonge jaren gekend had weer aan te wakkeren, een vuur dat was uitgedoofd naarmate zijn werk aan de rechtbank minder een plezier en meer een zakelijke aangelegenheid was geworden.

Julian raakte zichtbaar enthousiast toen hij vertelde dat hij al zijn materiële bezittingen had verkocht en naar India was vertrokken, een land waarvan de aloude cultuur en mystieke tradit:ies hem altijd hadden gefascineerd. Hij reisde van gehucht naar gehucht, soms te voet, soms per trein, hij leerde nieuwe gewoonten, zag tijdloze bezienswaardigheden en begon van de Indiase mensen te houden die warmte en vriendelijkheid uitstraalden en hem een verfrissende kijk op de ware betekenis van het leven boden. Zelfs van degenen die hun deur – en hun hart – slechts op een kier openden voor deze vermoeide bezoeker uit het Westen. Terwijl de dagen in die bekoorlijke omgeving overgingen in weken, begon Julian zich langzaam weer mens te voelen, misschien voor de eerste keer sinds zijn kinderjaren. Zijn natuurlijke nieuwsgierigheid en creativiteit kwamen geleidelijk weer terug, samen met zijn geestdrift en zijn levensvreugde. Hij begon weer enig geluk en wat rust te ervaren. En hij kon weer lachen.

Hoewel hij elke minuut in dit exotische land in dank aanvaardde, was de reis naar India meer dan een simpele vakantie voor zijn overspannen geest. Hij beschreef zijn tijd in dit verafgelegen land als een 'persoonlijke odyssee van het zelf'. Hij vertrouwde me toe dat hij vastbesloten was erachter te komen wie hij in werkelijkheid was en wat zijn leven tot nu toe precies voorstelde, voor het te laat was. Zijn eerste stap om dit te bereiken was zich te verdiepen in die uitgestrekte poel van aloude wijsheid om een bevredigender, zinvoller en verlicht leven te kunnen leiden.

'Ik wil niet al te zweverig klinken, John, maar het was net alsof ik een opdracht van binnenuit had gekregen, een innerlijke stem hoorde die me zei dat ik aan een spirituele reis moest beginnen om de vonk die ik kwijt was weer te kunnen aanwakkeren,' zei Julian. 'Het was een enorm bevrijdende tijd voor me.'

Hoe langer hij zocht, hoe vaker hij hoorde over Indiase monniken die meer dan honderd jaar werden, monniken die ondanks hun hoge leeftijd jeugdig, energiek en vitaal bleven. Hoe verder hij reisde, hoe meer hij te weten kwam van die tijdloze yogi's die de kunst van de geestesbeheersing en het spirituele ontwaken meester waren geworden. En hoe meer hij zag, hoe meer hij te weten wilde komen over deze wonderen der menselijke natuur, in de hoop hun filosofieën op zijn eigen leven te kunnen toepassen.

Tijdens de eerste stadia van zijn reis bezocht Julian vele beroemde en zeer gerespecteerde leermeesters. Hij vertelde me dat ieder van hen hem met open armen en een open hart verwelkomde, en hem op de hoogte bracht van elk juweeltje van kennis dat zij tijdens hun leven in rustige contemplatie over de hogere zaken van het bestaan hadden opgedaan. Julian probeerde ook de schoonheid te beschrijven van de oude tempels die in het mystieke landschap van India verspreid lagen, bouwwerken als trouwe poortwachters van de wijsheid der eeuwen. Hij zei dat hij ontroerd was door de gewijde sfeer van die omgeving.

'Het was een bijzonder magische tijd, John. Daar ging ik, een oude vermoeide pleiter die alles had verkocht, van mijn renpaard tot mijn

Rolex, en die alles wat hij nog bezat in een rugzak had gepakt die mijn blijvende metgezel zou zijn terwijl ik me in de tijdloze tradities van het Oosten waagde.'

'Was het moeilijk om te vertrekken?' vroeg ik me hardop af, niet in staat mijn nieuwsgierigheid te bedwingen.

'Eigenlijk was het het gemakkelijkste wat ik ooit heb gedaan. Het besluit om mijn praktijk op te geven en al mijn wereldse bezittingen van de hand te doen, voelde heel natuurlijk. Albert Camus heeft eens gezegd: "Werkelijke edelmoedigheid ten opzichte van de toekomst houdt in: alles geven aan het heden." Nou, dat is precies wat ik heb gedaan. Ik wist dat ik moest veranderen – dus besloot ik mijn hart te volgen, en wel op zeer ingrijpende wijze. Mijn leven is zoveel eenvoudiger en zinvoller geworden toen ik de last van het verleden achter me liet. Op het moment dat ik niet langer zoveel tijd aan het najagen van pleziertjes besteedde, begon ik van de kleine geneugten te genieten, zoals kijken naar de dansende sterren aan een maanverlichte hemel, of me baden in de zonnestralen van een prachtige zomerochtend. En India is in intellectueel opzicht zo'n stimulerende plek dat ik zelden dacht aan alles wat ik had achtergelaten.'

Die eerste ontmoetingen met de geleerden en de Wijzen van die exotische cultuur droegen, hoe intrigerend ook, niet bij aan de kennis waar Julian naar hunkerde. De wijsheid waarnaar hij verlangde en de praktische technieken waarmee hij hoopte de kwaliteit van zijn leven te kunnen veranderen, bleven die eerste dagen van zijn omzwervingen voor hem verborgen. Pas toen hij zo'n zeven maanden in India was, begon zijn eerste echte doorbraak.

Toen hij in Kasjmir was, een oude, mystieke staat, rustig gelegen aan de voet van het Himalaya-gebergte, had hij het geluk daar yogi Krishnan te ontmoeten. Deze kleine, gladgeschoren man was ook 'in een vorig leven' advocaat geweest, zoals hij dikwijls voor de grap zei, met een grijns waarbij al zijn tanden bloot kwamen. Omdat hij niet tegen het hectische tempo van het moderne New Delhi kon, deed ook hij al zijn bezittingen van de hand en trok hij zich terug in een wereld van eenvoud. Als bewaker van de dorpstempel had Krishnan volgens eigen zeggen zichzelf en het doel in zijn leven leren kennen.

'Ik was het zat om mijn leven te leiden alsof het één lange luchtoefening was. Ik besefte dat het mijn doel is om anderen te dienen en op een of andere manier een bijdrage te leveren om van deze wereld een betere plaats te maken. Nu leef ik om te geven,' vertelde hij Julian. 'Ik breng mijn dagen en nachten door in deze tempel, waarbij ik een hard maar bevredigend leven leid. Ik deel mijn bewustwording met alle mensen die hier komen bidden. Ik help behoeftigen. Ik ben geen priester. Ik ben gewoon maar een man die zichzelf heeft gevonden.'

Julian vertelde aan deze tot yogi bekeerde jurist zijn eigen verhaal. Hij sprak over zijn vroegere leven met al zijn successen en privileges. Hij vertelde yogi Krishnan over zijn honger naar rijkdom en zijn geobsedeerdheid ten aanzien van zijn werk. Hij vertelde hem geëmotioneerd over zijn innerlijke verwardheid en de crisis die hij had meegemaakt toen het eens zo stralende licht in zijn leven begon te flakkeren in de windvlagen van een uit balans geraakte levensstijl.

'Ik heb die weg ook bewandeld, mijn vriend. Ook ik heb de pijn gevoeld die jij beschrijft. Maar ik heb geleerd dat alles een reden heeft,' zei yogi Krishnan vol mededogen. 'Ieder voorval heeft een doel en uit iedere teleurstelling is een les te leren. Ik heb beseft dat mislukking, op persoonlijk, zakelijk of zelfs spiritueel vlak, essentieel is voor het ontwikkelen van je persoonlijkheid. Het zorgt voor innerlijke groei en een heel scala van psychische beloningen. Betreur nooit je verleden. Zie het liever als een leermeester.'

Na het horen van deze woorden had Julian zich zeer opgetogen gevoeld. Wellicht had hij in yogi Krishnan de mentor gevonden die hij zocht. Wie anders dan een andere ex-topadvocaat die, via zijn eigen spirituele odyssee een betere manier van leven had gevonden, had hem de geheimen kunnen leren van een leven met meer balans, verrukking en vreugde?

'Ik heb je hulp nodig, Krishnan. Ik moet leren een rijker, voller bestaan op te bouwen.'

'Ik zou me vereerd voelen om je op wat voor manier ook van dienst te kunnen zijn,' bood de yogi aan. 'Maar mag ik je een raad geven?'

'Natuurlijk.'

'Zolang ik deze tempel bewaak, hoor ik mensen fluisteren over mystieke Wijzen die ergens hoog in het Himalaya-gebergte wonen. Volgens de legende hebben zij een of ander systeem ontwikkeld waardoor de kwaliteit van ieders leven diepgaand verbetert – en ik bedoel niet alleen in fysiek opzicht. Het zou gaan om een holistisch, geïntegreerd geheel van tijdloze principes en technieken om het potentieel van de geest, het lichaam en de ziel aan te spreken.'

Julian was zeer geïnteresseerd. Dit klonk perfect.

'Waar wonen die monniken precies?'

'Dat weet niemand, en ik betreur het dat ik te oud ben om nog op zoek te gaan. Maar laat ik je een ding vertellen, mijn vriend: velen hebben geprobeerd hen te vinden, maar zijn daarin niet geslaagd – met tragische gevolgen. De hogere regionen van het gebergte zijn ongekend verraderlijk. Zelfs de meest ervaren klimmer is reddeloos tegenover hun natuurlijke verwoestende effecten. Maar als je op zoek bent naar de gouden sleutel tot een stralende gezondheid, blijvend geluk en innerlijke voldoening, die wijsheid heb ik niet – zij wel.'

Julian, beslist niet iemand die het snel opgaf, drong nog verder aan. 'Weet je zeker dat je er geen idee van hebt waar ze wonen?'

'Het enige wat ik weet is dat de lokale bevolking hen kent als de Grote Wijzen van Sivana. In hun mythologie betekent Sivana "oase van verlichting". Deze monniken worden vereerd alsof ze goddelijk zijn in hun samenstelling en invloed. Als ik wist waar ze te vinden waren, zou ik het als mijn plicht zien het je te vertellen. Maar echt, ik weet het niet – niemand weet het trouwens.'

De volgende ochtend, toen de eerste zonnestralen over de Indiase horizon dansten, trok Julian verder, op zoek naar Sivana. Eerst dacht hij eraan een sherpa mee te nemen om hem door de bergen te loodsen, maar om de een of andere reden voelde hij intuïtief aan dat dit een tocht was die hij alleen moest ondernemen. En zo, voor misschien wel de eerste keer in zijn leven, schudde hij de teugels van de rede van zich af en vertrouwde hij op zijn gevoel. Hij voelde dat hij veilig zou zijn. Hij wist op de een of andere manier dat hij zou vinden waar hij naar zocht. En zo, met de bezieling van een zendeling, begon hij aan de klimtocht.

De eerste paar dagen was het gemakkelijk. Soms kwam hij een van de opgewekte bewoners van het dorpje van onder aan de berg tegen, die daar op een van de paden liep, wellicht op zoek naar een mooi stukje hout om te bewerken of om een toevlucht te zoeken die deze onwerkelijke plaats bood aan allen die zich zo hoog in de hemel waagden. Dan weer reisde hij geheel alleen, en dacht hij in stilte na over wat hij in zijn leven had meegemaakt – en waar hij nu naar op weg was.

Het duurde niet lang voor het dorpje beneden niet meer dan een kleine vlek leek op dit prachtige schildersdoek vol natuurlijke schoonheid. De hoog oprijzende, met sneeuw bedekte toppen van de Himalaya deden zijn hart sneller kloppen en benamen hem soms zelfs de adem. Hij voelde zich een met zijn omgeving, een soort verwantschap die twee oude vrienden zouden kunnen voelen na vele jaren luisteren naar elkaars meest persoonlijke gedachten en lachen om elkaars grappen. De frisse berglucht maakte zijn geest helder en gaf hem nieuwe geesteskracht. Na talloze malen over de wereld gereisd te hebben, had Julian het idee dat hij het allemaal al gezien had. Maar dit soort schoonheid had hij nog nooit ervaren. De wonderen die hij in die magische periode in zich opnam, waren een bijzonder eerbetoon aan de symfonie der natuur. Plotseling voelde hij zich verheugd, opgewekt en zorgeloos. Daar, hoog boven de mensen, durfde Julian zich langzaam los te maken uit de cocon van het gewone, en raakte hij bekend met het rijk van het buitengewone.

'Ik hoor nog de woorden die toen in mijn hoofd opkwamen,' zei Julian. 'Ik dacht dat het leven uiteindelijk uit keuzes bestaat. Je bestemming wordt duidelijk al naargelang de keuzes die je maakt, en ik voelde absoluut dat de keuze die ik had gemaakt de juiste was. Ik wist dat mijn leven nooit meer hetzelfde zou zijn en dat me iets geweldigs, misschien zelfs iets wonderbaarlijks, te wachten stond. Het was een verbazingwekkend soort ontwaken.'

Terwijl Julian de hemelse regionen van de Himalaya beklom, werd hij steeds nerveuzer. 'Maar het waren wel prettige zenuwen, zoals ik wel had gehad vlak voor een opwindende rechtszaak, wanneer de media tot op de trappen van het gerechtsgebouw achter me aan zaten. En zelfs al had ik geen hulp van een gids of kaart, de weg was duidelijk, en een smal, enigszins bereisd pad leidde me dieper de bergen in. Het was alsof ik een innerlijk kompas had dat me vriendelijk naar mijn bestemming lokte. Ik denk niet dat ik had kunnen stoppen, al had ik het gewild.' Julian was zo opgewonden dat zijn woorden uit zijn mond stroomden als water in een volle bergrivier na de regentijd.

Toen hij twee dagen verder reisde over het pad dat hem, zo bad hij, naar Sivana zou brengen, dwaalden zijn gedachten af naar zijn vroegere leven. Hoewel hij zich volkomen bevrijd voelde van de stress en de spanning die zijn vroegere wereld typeerden, vroeg hij zich af of hij werkelijk de rest van zijn leven zou kunnen doorbrengen zonder de intellectuele uitdaging die zijn beroep na zijn studie met zich had meegebracht. Zijn gedachten dwaalden vervolgens af naar zijn met eikenhout beklede kantoorwanden in die schitterende wolkenkrabber en het idyllische zomerhuis dat hij voor een schijntje had verkocht. Hij dacht aan zijn oude vrienden met wie hij regelmatig de beste restaurants op de betoverendste plekjes had bezocht. Hij dacht ook aan zijn geliefde Ferrari en hoe zijn hart sneller begon te kloppen wanneer hij een dot gas gaf en de motor brullend tot actie kwam.

Toen hij dieper tot deze mystieke plek doordrong, werd hij al gauw in zijn overpeinzingen over het verleden afgeleid door de verbijsterende verwondering van dat moment. Terwijl hij zich liet overrompelen door de wonderen der natuur, gebeurde er iets opzienbarends.

Vanuit zijn ooghoek zag hij iemand, vreemd gekleed in een lang, golvend rood gewaad met donkerblauwe capuchon, iets vóór hem op het pad. Julian was stomverbaasd dat hij op deze afgelegen plek, die hij na zeven verraderlijke dagen bereikt had, iemand tegenkwam. Aangezien hij vele kilometers van de bewoonde wereld verwijderd was en nog steeds niet zeker wist waar zijn eindbestemming Sivana lag, riep hij de reiziger toe.

De gestalte reageerde echter niet, maar versnelde zijn pas over het pad dat ze beiden beklommen, en bracht zelfs niet de beleefdheid op even naar Julian om te kijken. Snel rende de mysterieuze reiziger voort, zijn rode gewaad sierlijk achter hem aan wapperend als frisse katoenen lakens aan de waslijn op een winderige dag in het najaar.

'Toe vriend, ik heb uw hulp nodig om Sivana te vinden,' riep Julian, 'ik ben al zeven dagen op weg met weinig voedsel en water. Ik denk dat ik verdwaald ben!'

De gestalte bleef abrupt staan. Julian liep voorzichtig verder terwijl de reiziger stokstijf stilstond, zonder een woord te zeggen. Zijn hoofd bewoog niet, zijn handen bewogen niet en zijn voeten bleven op hun plaats. Julian kon niets van het gezicht onder de capuchon zien, maar hij werd getroffen door de inhoud van de kleine mand die de reiziger in zijn handen hield. Daarin lagen de prachtigste bloemen die Julian ooit had gezien. De gestalte verstevigde zijn greep toen Julian dichterbij kwam, als om zowel zijn zorg voor deze dierbare inhoud als zijn wantrouwen jegens deze lange westerling, die in deze omgeving even zeldzaam was als dauw in de woestijn, kenbaar te maken.

Julian staarde de reiziger met onverholen nieuwsgierigheid aan. Door een straaltje zon kon hij zien dat onder de losse capuchon een man schuilging. Maar Julian had nog nooit zo'n man gezien. Hoewel hij minstens zo oud was als Julian zelf, vertoonde zijn gezicht zeer opvallende trekken die Julian hypnotiseerden en waardoor hij wat wel een eeuwigheid leek naar hem bleef staren. Zijn ogen waren katachtig en zo doordringend dat Julian wel van hem weg moest kijken. Zijn olijfkleurige huid was soepel en glad. Zijn lichaam leek sterk en krachtig. En hoewel aan zijn handen te zien was dat hij niet zo jong meer was, straalde hij zo'n enorme jeugdigheid en vitaliteit uit dat Julian zich betoverd voelde door wat hij zag, als een kind dat voor het eerst naar een goochelaar kijkt.

Dit moet een van de Grote Wijzen van Sivana zijn, bedacht Julian, nauwelijks in staat zijn vreugde over deze ontdekking te bedwingen.

'Ik ben Julian Mantle. Ik wil graag in de leer bij de Wijzen van Sivana. Weet u ook waar ik hen zou kunnen vinden?' vroeg hij.

De man keek de vermoeide bezoeker uit het Westen met een peinzende blik aan. Zijn serene rust gaf hem iets van een engel in menselijke gedaante.

De man sprak zacht, bijna fluisterend: 'Waarom wilt u deze Wijzen zoeken, vriend?'

Toen Julian bemerkte dat hij inderdaad een van de mystieke monniken was tegengekomen, naar wie zovelen vergeefs hadden gezocht, stortte hij zijn hart uit bij de reiziger. Hij vertelde over zijn vroegere leven en de crisis waarmee hij had geworsteld, hoe hij zijn gezondheid en zijn energie had verkwanseld voor de kortstondige roes die zijn werk als advocaat hem had geschonken. Hij vertelde hoe hij de rijkdom van zijn ziel had ingeruild voor een dikke bankrekening en de bedrieglijke opbrengst van zijn 'leef snel, sterf jong'-levensstijl. En hij vertelde hem over zijn reis door het mystieke India en zijn ontmoeting met yogi Krishnan, de ex-advocaat uit New Delhi, die ook zijn vroegere leven had opgegeven in de hoop innerlijke harmonie en vrede te vinden.

De reiziger zei nog steeds niets. Pas toen Julian het over zijn brandende, bijna obsessieve verlangen had om de oude principes van een verlichte levensstijl meester te worden, begon de man te spreken.

Terwijl hij zijn arm rond Julians schouder legde, zei de man vriendelijk: 'Als je werkelijk met hart en ziel de wijsheid wilt leren kennen om tot een beter leven te komen, dan is het mijn plicht je te helpen. Ik ben inderdaad een van die Wijzen naar wie je hebt gezocht. Jij bent de eerste in jaren die ons heeft kunnen vinden. Gefeliciteerd. Ik bewonder je vasthoudendheid. Je moet wel een prima advocaat zijn geweest.'

Hij zweeg even, alsof hij niet goed wist hoe hij verder moest, voor hij weer het woord nam. 'Als je wilt, mag je met me meegaan, als mijn gast, naar onze tempel. Die ligt in een verscholen deel van deze bergstreek, enkele uren hier vandaan. Mijn broeders en zusters zullen je met open armen verwelkomen. We zullen je gezamenlijk de oude principes en strategieën leren die onze voorouders door de eeuwen heen aan ons hebben overgeleverd.

Voor ik je meeneem naar onze besloten wereld en je deelgenoot maak van onze kennis om je leven meer vreugde, kracht en inhoud te geven, moet je me één ding beloven. Nadat je deze tijdloze waarheden hebt aangehoord, moet je terugkeren naar je eigen land in het Westen, en deze wijsheid delen met al diegenen die haar nodig hebben. Hoewel we hier in deze magische bergen geïsoleerd leven, zijn we ons bewust van de onrust in de wereld. Goede mensen raken het spoor bijster. Je moet hun de hoop geven die ze verdienen. En nog belangrijker, je moet hun de gereedschappen aanreiken om hun dromen te verwezenlijken. Dat is het enige wat ik je vraag.'

Julian accepteerde die voorwaarden onmiddellijk en beloofde dat hij de waardevolle boodschap aan het Westen zou overbrengen. Terwijl de twee mannen steeds hoger het bergpad beklommen naar het verscholen dorpje Sivana, begon de Indiase zon onder te gaan, een felrode cirkel die wegzakte in een zachte, magische sluier na een lange, vermoeiende dag. Julian vertelde me dat hij de verheven aanblik van dat moment nooit is vergeten, terwijl hij daar liep met een tijdloze Indiase monnik voor wie hij een soort broederlijke liefde voelde, op weg naar een plek waar hij zo naar had gezocht, met al zijn wonderen en vele mysteriën.

'Dat was absoluut het meest gedenkwaardige moment van mijn leven,' vertrouwde hij me toe. Julian geloofde altijd al dat het leven neerkwam op een paar belangrijke momenten. Dit was er één van. Diep in zijn hart voelde hij dat dit het eerste moment was van de rest van zijn leven, een leven dat spoedig veel meer zou betekenen dan het ooit had gedaan.

Hoofdstuk 4

Een magische ontmoeting met de Wijzen van Sivana

Na vele uren lopen langs een ingewikkeld stelsel van paden en sporen in het gras kwamen de twee reizigers aan bij een weelderig begroeide vallei. Aan de ene kant van het dal boden de toppen van het met sneeuw bedekte Himalaya-gebergte bescherming, als door weer en wind geteisterde soldaten die de plaats bewaken waar hun generaals uitrusten. Aan de andere kant stond een dichtbegroeid dennenwoud, dat perfect leek te passen in dit wonderschone sprookjesgebied.

De Wijze glimlachte Julian vriendelijk toe. 'Welkom in het Nirvana van Sivana.'

De twee daalden vervolgens langs een ander, minder bereisd pad af naar het dichtbegroeide woud dat de basis vormde van de vallei. De geur van dennenbomen en sandelhout dreef door de koele, frisse berglucht. Julian, nu blootsvoets vanwege de blaren, voelde het vochtige mos onder zijn tenen. Hij was verbaasd hier rijk gekleurde orchideeën en tal van andere prachtige bloemen tussen de bomen aan te treffen, alsof ze zich verheugden in de schoonheid en pracht van dit kleine stukje hemel op aarde.

In de verte hoorde Julian zachte stemmen, een vriendelijk en geruststellend geluid. Hij volgde de wijze man, zonder een geluid te veroorzaken. Na nog zo'n vijftien minuten kwamen de twee mannen aan bij een open plek. Vandaar had hij een uitzicht dat zelfs de wereldwijze en nauwelijks te verbazen Julian Mantle zich nooit had kunnen voorstellen: een klein dorp, dat alleen maar uit rozen leek te bestaan. In het midden van het dorp stond een klein tempeltje, van het soort dat Julian tijdens zijn reizen naar Thailand en Nepal had gezien, maar dit was gemaakt van rode, witte en roze bloemen, bij elkaar gehouden door lange stukken veelkleurig touw en twijgen. De kleine hutten die als stippen de rest van de ruimte opvulden, bleken de sobere huizen van de Wijzen te zijn. Ook die waren gemaakt van rozen. Julian was sprakeloos.

De monniken die het dorpje bewoonden, leken, voorzover Julian kon zien, op zijn reisgenoot, die hem nu vertelde dat zijn naam yogi Raman was. Hij verklaarde dat hij de oudste Wijze van Sivana was, en de leider van de groep. De leden van deze onwezenlijke kolonie leken verbazingwekkend jeugdig en bewogen zich waardig en doelbewust. Geen van hen sprak, maar gaf er de voorkeur aan de rust van deze plek niet te verstoren door zijn taken in stilte uit te voeren.

De mannen, van wie er slechts tien te zien waren, droegen dezelfde rode gewaden als yogi Raman en glimlachten sereen naar Julian toen hij hun dorp binnenkwam. Elk van hen zag er kalm, gezond en intens tevreden uit. Het was alsof de spanningen die zovelen van ons in onze moderne wereld kwellen, hadden aangevoeld dat ze niet welkom waren in dit summum van sereniteit en naar andere oorden waren uitgeweken. Hoewel het jaren geleden was dat ze een onbekend gezicht hadden gezien, reageerden deze mannen beheerst en bogen slechts even om de bezoeker die van zover was gekomen om hen te zoeken, te begroeten. De vrouwen waren al even indrukwekkend. In hun wapperende roze zijden sari's en met witte lotusbloemen in hun inktzwarte haar, bewogen ze zich buitengewoon levendig door het dorpje. Het was echter niet het soort zenuwachtige drukte die het leven van mensen in onze maatschappij beheerst. Bij hen had alles een zekere rust en gratie. Met zenachtige concentratie werkten sommigen in de tempel om iets voor te bereiden wat op een viering leek. Anderen droegen brandhout en rijk geborduurde tapijten. Allen waren zeer actief. Allen leken gelukkig.

De gezichten van de Wijzen van Sivana drukten vooral de kracht uit van hun manier van leven. Zelfs al waren het duidelijk volwassen mensen, elk van hen straalde iets kinderlijks uit, en hun ogen schitterden van vitaliteit. Geen van hen had rimpels. Geen van hen had grijs haar. Geen van hen zag er oud uit.

Julian, die nauwelijks zijn ogen kon geloven, kreeg een overvloed van verse vruchten en exotische groenten aangeboden, voedsel waarover hij later zou vernemen dat het een van de voornaamste redenen was van de ideale gezondheid die deze Wijzen genoten. Na de maaltijd begeleidde yogi Raman hem naar zijn verblijf: een met bloemen versierde hut waarin een klein bed stond met een leeg dagboek erop. Dit zou voorlopig zijn thuis zijn.

Hoewel Julian nog nooit eerder zoiets betoverends als deze wereld van Sivana had gezien, had hij het gevoel dat hij thuiskwam, een terugkeer naar een paradijs dat hij lang geleden had gekend. Op de een of andere manier was dit rozendorp hem niet vreemd. Zijn intuïtie vertelde hem dat hij hier hoorde, al was het maar voor een korte periode. Dit zou de plaats zijn waar hij het levensvuur weer kon aanwakkeren dat hij had gekend voordat zijn werk zijn ziel had gestolen, een heilige plek waar zijn gebroken geest weer langzaam zou kunnen helen. En zo begon Julians leven tussen de Wijzen van Sivana, een leven van eenvoud, rust en harmonie. En het beste moest nog komen.

Hoofdstuk 5
Een spirituele leerling van de Wijzen

Grootse dromen worden nooit vervuld;
ze worden altijd overtroffen.
Alfred Lord Whithead

Het was nu acht uur 's avonds en ik moest het proces voor de volgende dag nog voorbereiden. Toch werd ik geboeid door de ervaring van deze vroegere rechtsheld, wiens leven zo dramatisch was veranderd na zijn leertijd bij deze geweldige Wijzen uit India. Wat wonderlijk, dacht ik, en wat een bijzondere metamorfose! Ik vroeg me heimelijk af of de geheimen die Julian in die afgelegen schuilplaats in de bergen had ontdekt ook de kwaliteit van mijn leven konden verhogen en mijn eigen verwondering over de wereld waarin wij leven opnieuw zouden kunnen stimuleren. Hoe langer ik naar Julian luisterde, hoe meer ik ging beseffen dat mijn eigen geest ook al aardig roestig was geworden. Wat was er gebeurd met die bijzondere bezieling die ik in mijn jonge jaren voor alles had gevoeld? In die tijd had ik zelfs plezier in de eenvoudigste dingen. Misschien was het tijd dat ik mijn bestemming opnieuw ontdekte.

Julian, die mijn interesse voor zijn heldentocht en mijn nieuwsgierigheid naar de verlichte manier van leven die de Wijzen hem hadden bijgebracht wel opmerkte, vervolgde zijn verhaal in een sneller tempo. Hij vertelde hoe zijn verlangen naar kennis, gekoppeld aan zijn scherpe – intellect – geslepen door vele jaren strijd in de rechtszaal – van hem een geliefd lid van de gemeenschap van Sivana had gemaakt. Als blijk van genegenheid hadden de monniken hem uiteindelijk erelid van hun groep gemaakt en hem behandeld als iemand die deel uitmaakte van hun uitgebreide familie.

In zijn verlangen zijn kennis van de werking van verstand, lichaam en geest uit te breiden en zijn eigen geest te leren beheersen, bracht Julian letterlijk ieder moment dat hij wakker was door bij zijn leermeester yogi Raman. De Wijze werd meer een vader voor Julian dan een leermeester, hoewel ze in leeftijd slechts enkele jaren scheelden. Het was duidelijk dat deze man de verzamelde wijsheid van vele levens in zich droeg en deze, tot zijn grote geluk, met Julian wilde delen.

Reeds voor het zonnegloren zette yogi Raman zich bij zijn leergierige student en vulde hij diens geest met inzichten over de zin van het leven en weinig bekende technieken die hij had geleerd om meer vitaliteit, creativiteit en voldoening in zijn leven te brengen. Hij leerde Julian aloude principes die volgens hem iedereen kon gebruiken om langer te leven, jonger te blijven en gelukkiger te worden. Julian leerde ook hoe geestesbeheersing en eigen verantwoordelijkheid hem ervan konden weerhouden terug te vallen in de chaos die zijn leven in het Westen had getypeerd. Terwijl de weken in maanden overgingen, leerde hij de schat van zijn vermogens kennen die in hem te sluimeren lag, wachtend om te worden gewekt en voor hogere doelen gebruikt. Soms zaten de leermeester en zijn leerling alleen maar naar de vurige Indiase zon te kijken die oprees vanuit de groene weilanden. Soms mediteerden ze in alle rust, en genoten van de geneugten die stilte voortbrengt. Soms liepen ze door het dennenwoud en bespraken filosofische onderwerpen, genietend van elkaars gezelschap.

Julian zei dat de eerste tekenen van zijn persoonlijke ontwikkeling al na drie weken in Silvana te zien waren. Hij begon de schoonheid te zien van de gewoonste dingen. Of het nu verwondering over een sterrenhemel was of de pracht van een spinnenweb na een regenbui, Julian nam alles in zich op. Hij zei ook dat zijn nieuwe levensstijl en de nieuwe gewoonten die hiermee verbonden waren een diepgaand effect op zijn innerlijk leven begonnen te krijgen. Toen hij de beginselen en technieken van de Wijzen nog geen maand had uitgevoerd, was hij al de diepere zin van vrede en innerlijke rust gaan voelen die hem al die jaren in het Westen was ontgaan. Hij werd vreugdevoller en spontaner, en iedere dag energieker en creatiever.

Fysieke vitaliteit en spirituele kracht volgden uit Julians veranderde mentaliteit. Hij verloor zijn overgewicht en werd sterk en lenig, terwijl de ziekelijke teint die zijn gezicht had getypeerd plaatsmaakte voor een gezonde uitstraling. Hij had het gevoel dat hij alles aankon en alles kon zijn, en dat hij het eindeloze potentieel waarvan hij nu wist dat iedereen het in zich had, kon aanboren. Hij begon het leven te koesteren en de goddelijkheid in elk aspect ervan te zien. Het aloude systeem van deze mystieke groep monniken had zijn wonderbaarlijke uitwerking niet gemist.

Na een korte pauze, alsof hij zelf nog niet goed kon geloven wat hij vertelde, werd Julian filosofisch. 'Ik ben iets heel belangrijks gaan beseffen, John. De wereld, en daartoe behoort ook mijn innerlijke wereld, is een heel bijzondere plaats. Ik ben ook gaan inzien dat succes vanbuiten niets te betekenen heeft als je geen succes vanbinnen beleeft. Er is een enorm verschil tussen welzijn en "het goed hebben". Toen ik nog een topadvocaat was, trok ik altijd mijn neus op voor mensen die steeds iets aan hun innerlijk en uiterlijk leven wilden doen. Zorg toch dat je leeft! dacht ik dan. Maar ik heb geleerd dat geestesbeheersing en een voortdurende verzorging van je geest, lichaam en ziel essentieel zijn om je hoogste zelf te vinden en het leven te leiden waarvan je droomt. Hoe kun je om anderen geven als je niet eens om jezelf geeft? Hoe kun je goed doen als je je niet goed voelt? Ik kan niet van jou houden als ik niet van mezelf houd.'

Plotseling leek Julian minder op zijn gemak. 'Ik ben nog nooit zo openhartig geweest als nu. Mijn verontschuldiging, John. Het komt gewoon omdat ik zo'n catharsis heb meegemaakt daar in de bergen, zo'n spirituele ontwaking door de krachten van het universum, dat ik het gevoel heb dat anderen ook moeten weten wat ik weet.'

Toen Julian zag hoe laat het al was, zei hij dat hij op moest stappen.

'Je kunt nu niet vertrekken, Julian. Ik ben inmiddels een en al oor om alles te horen wat je in de Himalaya geleerd hebt en voor de boodschap die je beloofd hebt aan het Westen te zullen overbrengen. Je kunt me nu niet in spanning achterlaten – je weet dat ik daar niet tegen kan.'

'Ik kom terug, wees gerust, mijn vriend. Je kent me, als ik eenmaal een goed verhaal heb, kan ik niet meer ophouden. Maar jij hebt je werk, en ik moet een paar persoonlijke zaken regelen die niet kunnen wachten.'

'Vertel me dan nog één ding. De methoden die je in Sivana hebt geleerd, heb ik daar ook iets aan?'

'Wanneer de leerling er klaar voor is, verschijnt de meester,' luidde zijn reactie onmiddellijk. 'Jij, en samen met jou heel veel anderen in onze maatschappij, bent klaar voor de wijsheid waarover ik nu vrijelijk kan beschikken. Ieder van ons zou de denkwijze van de Wijzen moeten kennen. Ieder van ons zou er baat bij hebben. Ieder van ons moet zijn aangeboren perfectie leren kennen. Ik beloof je dat ik je deelgenoot zal maken van die aloude wijsheden. Heb geduld. Ik zie je morgenavond weer, op dezelfde tijd bij jou thuis. Dan zal ik je alles vertellen wat je moet weten om je leven meer inhoud te geven. Is dat goed?'

'Ach ja, ik heb het al die jaren al zonder gedaan, dus daar kan nog wel vierentwintig uur bij,' antwoordde ik teleurgesteld.

En na die woorden was de topadvocaat die het licht had gezien vertrokken, mij achterlatend met een hoofd vol onbeantwoorde vragen en onafgemaakte gedachten.

Terwijl ik rustig in mijn kantoor zat, besefte ik hoe klein onze wereld eigenlijk was. Ik dacht na over de enorme hoeveelheid kennis waarvan ik nog niet eens het tipje van de sluier had opgelicht. Ik dacht eraan hoe het zou voelen om mijn oude levensvreugde weer terug te hebben, en de nieuwsgierigheid die ik had gehad toen ik jong was. Het zou heerlijk zijn om die oude levensvreugde weer terug te krijgen en ongebreidelde energie te ervaren. Misschien zou ik ook wel mijn baan vaarwel zeggen. Misschien was er voor mij ook wel een hogere roeping. Met deze overpeinzingen in mijn hoofd deed ik de lichten uit, sloot de deur van mijn kantoor af en liep naar buiten, de benauwde hitte van de zomerse nacht in.

Hoofdstuk 6

De wijsheid
van persoonlijke verandering

Ik ben een levenskunstenaar;
mijn kunstwerk is mijn leven.
Suzuki

Zoals hij had beloofd, verscheen Julian de volgende avond bij mij thuis. Rond kwart over zeven hoorde ik een paar tikken op de voordeur van mijn huis, een soort vakantiehuisje met afschuwelijke roze luiken. Julian zag er totaal anders uit dan de dag ervoor. Hij had nog wel die gezonde teint, en hij straalde ook nog die wonderlijke rust uit, maar wat hij aanhad gaf me een enigszins onbehaaglijk gevoel.

Zijn soepele lichaam was gehuld in een lang, rood gewaad, met een rijk geborduurde blauwe capuchon. En hoewel het weer zo'n benauwde avond in juli was, bedekte de capuchon zijn hoofd.

'Gegroet, mijn vriend,' begon Julian enthousiast.

'Gegroet.'

'Kijk niet zo geschrokken, wat had je verwacht – dat ik in driedelig Armani-kostuum zou komen?'

We schoten allebei in de lach, en algauw proestten we het uit. Julian had bepaald dat gevoel voor humor niet verloren waarmee hij me zo lang geleden al had vermaakt.

Toen we in mijn rommelige woonkamer gingen zitten, viel mij de ketting van houten gebedskralen om zijn hals op.

'Wat zijn dat voor kralen? Ze zijn prachtig.'

'Daarover vertel ik je later,' zei hij, en hij wreef intussen met zijn duim en wijsvinger over een paar kralen. 'We hebben vanavond veel te bespreken.'

'Laten we dan maar beginnen. Ik kon vandaag mijn aandacht nauwelijks bij mijn werk houden, zo opgewonden was ik bij het vooruitzicht van onze ontmoeting.'

Hierop begon Julian meteen verder te vertellen over zijn persoonlijke metamorfose en het gemak waarmee hij die had weten te bereiken. Hij vertelde me over de aloude technieken die hij had geleerd om zijn geest te beheersen en om af te rekenen met de bezorgdheid die velen in onze complexe maatschappij zo beheerst. Hij sprak over de wijsheid die yogi Raman en de andere monniken predikten om een doelbewuster en bevredigender leven te leiden. En hij sprak over een aantal methoden om de bron van jeugd en energie, die volgens hem diep in ieder van ons sluimert, tot leven te wekken.

Hoewel hij zeer overtuigd sprak, voelde ik enige reserve. Was ik niet het slachtoffer van een of andere grap? Per slot van rekening stond deze jurist ooit bekend om zijn practical jokes. En zijn verhaal klonk wel heel erg fantastisch. Stel je voor: een van 's lands meest beroemde advocaten gooit de handdoek in de ring, verkoopt al zijn wereldse bezittingen en vertrekt naar India voor een spirituele omzwerving, met de bedoeling als een wijze profeet uit de Himalaya terug te keren. Dit kon niet waar zijn.

'Kom op, Julian. Bedonder me niet langer. Dit hele verhaal is vast weer een grap van je. Ik wed dat je dat gewaad hebt gehuurd bij die winkel tegenover kantoor,' opperde ik, met een grimas van angst op mijn gezicht.

Julians antwoord liet niet op zich wachten, alsof hij mijn ongelovige reactie al had verwacht. 'Hoe voer je een pleidooi tijdens een rechtszaak?'

'Met overtuigend bewijsmateriaal.'

'Juist. Kijk eens naar het bewijsmateriaal dat ik jou heb laten zien. Kijk naar mijn gladde, rimpelloze gezicht. Kijk naar mijn fysieke verschijning. Voel je de enorme hoeveelheid energie niet die ik in me heb? Kijk naar de rust die ik uitstraal. Je ziet toch zeker wel dat ik veranderd ben?'

Daar had hij gelijk in. Dit was een man die er, nog maar enkele jaren geleden, tientallen jaren ouder had uitgezien.

'Je bent niet bij een plastisch chirurg geweest?'

'Nee,' zei hij met een glimlach. 'Die werken alleen aan de buitenkant. Ik zocht genezing van binnenuit. Mijn onevenwichtige, chaotische levensstijl had me in grote problemen gebracht. Het was veel meer dan een hartaanval waar ik last van had. Mijn innerlijk was verscheurd.'

'Maar wat je vertelt is zo... mysterieus en ongewoon.'

Julian bleef kalm en geduldig. Toen hij de pot thee op het tafeltje naast zich zag staan, begon hij mijn kopje in te schenken. Hij schonk het kopje vol – en bleef gieten! De thee droop over de rand van het kopje op het schoteltje, en vervolgens op het Perzische tapijt. Eerst keek ik zonder een woord toe. Toen kon ik het niet langer aanzien.

'Julian, wat doe je? Die kop stroomt over!' riep ik geïrriteerd uit.

Hij keek me een ogenblik aan. 'Vat dit alsjeblieft niet verkeerd op. Ik respecteer je echt, John. Dat heb ik altijd gedaan. Maar net als deze kop schijn jij vol te zijn van je eigen ideeën. En hoe kan er nu nog meer bij *als je niet eerst je kopje leegdrinkt?*'

Ik was getroffen door de waarheid van zijn woorden. Hij had gelijk. Door de vele jaren in de conservatieve juristenwereld, iedere dag dezelfde dingen doen met dezelfde mensen die iedere dag dezelfde dingen dachten, was mijn kop tot de rand toe gevuld. Mijn vrouw Jenny zei altijd dat we eens wat nieuwe mensen moesten leren kennen en nieuwe dingen moesten ondernemen. 'Ik wou dat je wat avontuurlijker was ingesteld, John,' zei ze dan.

Ik kon me niet herinneren wanneer ik voor het laatst een boek had gelezen dat niet over juridische aangelegenheden ging. Mijn beroep was mijn leven. Ik besefte dat de steriele wereld waaraan ik gewend was geraakt mijn creativiteit had gedempt en mijn blik had beperkt.

'Oké, ik begrijp wat je bedoelt,' erkende ik. 'Misschien ben ik in al die jaren als advocaat wel erg sceptisch geworden. Vanaf het moment dat ik jou gisteren op kantoor zag, wist ik diep vanbinnen dat jouw metamorfose echt was, en dat er voor mij iets uit te leren viel. Misschien wilde ik het gewoon niet geloven.'

'John, vanavond is de eerste avond van je nieuwe leven. Ik vraag je simpelweg diep na te denken over de wijsheden en strategieën die ik je uit de doeken zal doen, en ze met overtuiging een maand lang toe te passen. Ga er in alle vertrouwen van uit dat deze methoden werken. Er is een reden waarom ze al duizenden jaren bestaan – ze hebben namelijk effect.'

'Een maand lijkt me wel lang.'

'Zeshonderd en tweeënzeventig uur werken aan jezelf om ieder bewust moment van de rest van je leven diepgaand te verbeteren is toch eigenlijk niets? Investeren in jezelf is de beste investering die je kunt doen. Het verhoogt niet alleen jouw levenskwaliteit, maar ook die van iedereen om je heen.'

'Hoe dan?'

'Alleen wanneer je de kunst der liefde zelf meester bent, kun je werkelijk van anderen houden. Pas wanneer je je eigen hart hebt opengesteld, kun je de harten van anderen raken. Wanneer je je concentreert en vol leven bent, verkeer je in een veel betere positie om een beter mens te worden.'

'Wat kan ik verwachten in die zeshonderd en tweeënzeventig uur waaruit die maand bestaat?' vroeg ik in alle ernst.

'Je zult veranderingen opmerken in je manier van denken, in je lichaam en zelfs in je ziel, die je zullen verbazen. Je zult over meer energie, geestdrift en innerlijke harmonie beschikken dan je waarschijnlijk in je hele leven hebt gehad. Mensen zullen je zelfs vertellen dat je er jonger en gelukkiger uitziet. Een blijvend gevoel van welbevinden en evenwicht komt snel weer terug in je leven. Dit zijn nog maar een paar zegeningen van het Systeem van Sivana.'

'Wauw.'

'Alles wat je vanavond te horen krijgt, is bedoeld om de kwaliteit van je leven te verhogen, niet alleen in je persoonlijke en beroepsleven, maar ook in spiritueel opzicht. De adviezen van de Wijzen zijn vandaag even actueel als vijfduizend jaar geleden. Het zal niet alleen je innerlijke wereld verrijken, maar ook de wereld om je heen groter maken, en je veel doeltreffender maken bij alles wat je doet. Deze wijsheid is werkelijk de grootste kracht die ik ooit heb leren kennen. Zij is direct, praktisch en al eeuwenlang beproefd in het laboratorium van het leven. En het allerbelangrijkste: het werkt voor iedereen. Maar voor ik je deelgenoot maak van deze kennis, moet ik je vragen mij iets te beloven.'

Ik wist dat er iets aan vast zou zitten. 'Je krijgt niets voor niets,' zei mijn liefhebbende moeder vroeger altijd al.

'Wanneer je eenmaal de kracht inziet van de werkwijze en vaardigheden die de Wijzen van Sivana me hebben geleerd, en je de diepgaande effecten ziet die ze op jouw leven hebben, moet je het tot je doel maken deze wijsheid door te geven aan anderen die er baat bij zullen hebben. Meer vraag ik niet van je. Als je hiermee instemt, help je mij weer me aan mijn belofte aan yogi Raman te houden.'

Ik stemde zonder voorbehoud in en Julian kon beginnen me het systeem te leren dat hij als heilig was gaan beschouwen. Hoewel Julian tijdens zijn verblijf verschillende technieken had geleerd, lagen er zeven basisdeugden ten grondslag aan het Systeem van Sivana, zeven fundamentele principes die de sleutel vormden voor meer geestesbeheersing, persoonlijke verantwoordelijkheid en spirituele verlichting.

Julian vertelde me dat yogi Raman de eerste was die hem na een paar maanden in Sivana van de zeven deugden op de hoogte bracht. Op een heldere avond, toen alle anderen al in diepe slaap waren, klopte Raman zachtjes op de deur van Julians hut. Als een vriendelijke gids zei hij: 'Ik heb je nu vele dagen gadegeslagen, Julian. Ik geloof dat je een goed mens bent die een diep verlangen koestert om zijn leven te vullen met al het goede. Sinds je komst heb je je opengesteld voor onze tradities en ze als de jouwe overgenomen. Je hebt een aantal van onze dagelijkse gewoonten geleerd, en je hebt de vele heilzame effecten ervan gezien. Je hebt respect getoond voor onze levenswijze. Onze mensen leiden al eeuwenlang dit eenvoudige, vredige leven, en onze methoden zijn maar bij weinigen bekend. De wereld moet op de hoogte worden gebracht van onze filosofie voor een verlicht leven. Vanavond, op de vooravond van je derde maand in Sivana, zal ik je vertellen over de werking van ons systeem, niet alleen voor je eigen welzijn, maar voor het welzijn van al diegenen in jouw deel van de wereld. Ik zal je dagelijks onderwijzen zoals ik mijn zoon onderwees toen hij nog klein was. Helaas is hij een paar jaar geleden overleden. Zijn tijd was gekomen, en ik stel geen vragen over zijn dood. Ik heb genoten van onze tijd samen en ik koester de herinneringen. Ik beschouw jou nu als mijn zoon en ik ben dankbaar dat alles wat ik in al die jaren van stilzwijgende contemplatie heb geleerd nu in jou zal doorleven.'

Ik keek naar Julian en zag dat zijn ogen gesloten waren, alsof hij zichzelf weer terugtoverde naar dat sprookjesachtige land waar hij met deze kennis was gezegend.

'Yogi Raman vertelde me dat de zeven deugden voor een leven vol innerlijke vrede, vreugde en een overvloed aan spirituele gaven gevat waren in een mystiek verhaal. Dit sprookje vormde de essentie van dit alles. Hij vroeg me mijn ogen te sluiten. Toen vroeg hij me me het volgende in gedachten voor te stellen:

Je zit midden in een prachtige, weelderige groene tuin. Deze tuin staat vol met de meest bijzondere bloemen die je ooit hebt gezien. De omgeving is bijzonder rustig en stil. Laat de heerlijkheden van deze tuin tot je doordringen en voel je alsof je alle tijd van de wereld hebt om van deze natuurlijke oase te genieten. Wanneer je rondkijkt, zie je dat in het midden van deze betoverend mooie tuin een rode vuurtoren van zes verdiepingen hoog oprijst. Plotseling wordt de stilte van de tuin doorbroken door luid gekraak wanneer de deur onder in de vuurtoren opengaat. Een Japanse sumoworstelaar van tweeënhalve meter lang en negenhonderd pond zwaar komt naar buiten en begint door de tuin te denderen.

'Het wordt nog leuker!' meesmuilde Julian. 'De Japanse worstelaar is naakt! Nee, eigenlijk is hij niet helemaal naakt. Hij draagt een roze koord over zijn edele delen.'

Wanneer de sumoworstelaar door de tuin begint te lopen, vindt hij een glanzend gouden stopwatch die iemand jaren geleden had achtergelaten. Hij doet hem om en valt met een enorme dreun op de grond. De worstelaar raakt bewusteloos en ligt daar, beweginloos en geluidloos. Net wanneer je denkt dat hij zijn laatste adem heeft uitgeblazen, komt de man weer bij, wellicht onder invloed van de geur van een paar gele theerozen in zijn buurt. Met hernieuwde energie springt hij overeind en kijkt intuïtief naar links. Hij schrikt van wat hij ziet. Door de struiken aan de uiterste rand van de tuin ziet hij een lang kronkelend pad, bezaaid met miljoenen schitterende diamanten. Iets lijkt de worstelaar te zeggen dit pad te kiezen, en dat doet hij dan ook. Het pad brengt hem op de weg van eeuwige vreugde en geluk.

Na het horen van dit vreemde verhaal, hoog in de Himalaya, gezeten naast een monnik die zelf het licht had gezien, was Julian teleurgesteld, zo vertelde hij me. Hij had verwacht iets sensationeels te horen te krijgen, iets wat hem tot een bepaalde daad zou bewegen, misschien zelfs tot tranen toe zou ontroeren. In plaats daarvan was het enige wat hij te horen kreeg een mal verhaal over een sumoworstelaar en een vuurtoren.

Yogi Raman bespeurde zijn teleurstelling. 'Verkijk je nooit op de macht van eenvoud,' kreeg Julian te horen.

'Dit verhaal is misschien niet zo opzienbarend als je had verwacht,' zei de wijze man, 'maar er zit een wereld van gevoel in deze boodschap met een heel zuiver doel. Vanaf de dag van je aankomst heb ik erover lopen denken hoe ik je deelgenoot zou kunnen maken van onze kennis. Eerst dacht ik erover je enkele maanden lang een aantal lezingen te geven, maar ik besefte dat deze traditionele aanpak niet geschikt was voor de magische wijsheid die je op het punt staat te ontvangen. Daarna heb ik overwogen al mijn broeders en zusters te vragen dagelijks enige tijd met je door te brengen om jou onze denkwijze duidelijk te maken. Maar dat was ook niet de meest effectieve manier om je te leren wat wij je te vertellen hebben. Na lang nadenken heb ik uiteindelijk gekozen voor een zeer creatieve doch tevens effectieve wijze om je het hele Systeem van Sivana met zijn zeven deugden duidelijk te maken... en dat is door middel van dit mystieke sprookje.'

De Wijze ging door: 'Op het eerste gezicht doet het je misschien luchthartig of zelfs kinderachtig aan. Maar ik verzeker je dat ieder element van dit sprookje voor een tijdloos principe, voor een stralend leven staat en een zeer diepe betekenis heeft. De tuin, de vuurtoren, de sumoworstelaar, het roze koord, de stopwatch, de rozen en het kronkelpad met diamanten zijn symbolen van de zeven tijdloze deugden voor een verlicht leven. Ik kan je ook verzekeren dat je, wanneer je aan dit verhaaltje en de fundamentele waarheden die het vertegenwoordigt denkt, je alles bij je hebt wat je moet weten om je leven tot het hoogste niveau te brengen. Je hebt daarmee alle informatie en strategieën die je nodig hebt om de kwaliteit van je leven en de levens van al degenen die je raken diepgaand te beïnvloeden. En wanneer je deze wijsheid dagelijks toepast, zul je veranderen – mentaal, emotioneel, fysiek en spiritueel. Bewaar dit verhaal alsjeblieft diep in je gedachten en draag het mee in je hart. Het zal je alleen dan diepgaand veranderen wanneer je het zonder enig voorbehoud in je opneemt.'

'Gelukkig heb ik het inderdaad in me opgenomen, John,' zei Julian. Carl Jung heeft eens gezegd: "Je blik wordt alleen helder wanneer je binnen in je hart kunt kijken. Wie om zich heen kijkt, droomt; wie naar binnen kijkt, ontwaakt." Op die bijzondere avond keek ik diep in mijn hart en ik ontwaakte voor de eeuwenoude geheimen die de geest verrijken, het lichaam verzorgen en de ziel voeden. Het is nu mijn beurt om jou hiervan deelgenoot te maken.'

Hoofdstuk 7

Een zeer bijzondere tuin

De meeste mensen leven – zowel in fysiek, intellectueel als moreel opzicht – op een zeer klein deel van hun totale zijn. We hebben allemaal de beschikking over levensreservoirs waarvan we niet hadden durven dromen.

William James

'In het verhaal is de tuin het symbool voor de geest,' zei Julian. 'Als je je om je geest bekommert, voed je hem en als je hem verzorgt als een vruchtbare, rijk bloeiende tuin, zal hij je verwachtingen te boven gaan. Maar als je het onkruid wortel laat schieten, zullen innerlijke rust en harmonie je altijd onthouden blijven.'

'John, laat me je een eenvoudige vraag stellen. Als ik nu je tuin in liep, waar je me altijd zoveel over vertelde, en ik gooide gif over je dierbare petunia's, dan zou je daar niet blij mee zijn, wel?'

'Zeker niet.'

'De meeste goede tuiniers bewaken hun tuinen als trotse strijders en zorgen ervoor dat er geen ziektes binnen kunnen komen. Maar kijk nu eens naar de hoeveelheid giftig afval die de meeste mensen elke dag weer in de vruchtbare grond van hun geest lozen: de zorgen en angsten, het gepieker over het verleden en over de toekomst en de zelf gecreëerde angsten die je innerlijke leven verwoesten. In de oorspronkelijke karaktertaal van de Wijzen van Sivana, die al duizenden jaren bestaat, lijkt het karakter voor ongerustheid opvallend veel op dat voor lijkverbranding. Yogi Raman heeft me verteld dat dit geen toeval was. Zorgen beroven de geest van zijn kracht en vroeg of laat verwonden ze de ziel.

Om zo intensief mogelijk te leven, moet je de poort van je tuin bewaken en alleen het allerbeste binnenlaten. Je kunt je echt niet de luxe van een negatieve gedachte veroorloven – niet één. De meest vreugdevolle, dynamische en tevreden mensen van deze wereld zijn qua samenstelling niet anders dan jij of ik. We bestaan allemaal uit vlees en bloed. We komen allemaal voort uit dezelfde universele bron. Maar degenen die meer doen dan alleen maar bestaan, degenen die de vlammen aanwakkeren van hun menselijk potentieel en die werkelijk de magische dans des levens uitvoeren, doen andere dingen dan mensen met een gemiddeld leventje. En het meest opvallende wat ze doen, is zich een positief idee vormen van hun wereld en alles wat zich daarin bevindt.'

Julian vervolgde: 'De Wijzen hebben me verteld dat er op een gemiddelde dag bij een gemiddeld persoon zo'n zestigduizend gedachten door het hoofd gaan. Maar wat me pas echt verbaasde, was dat vijfennegentig procent van die gedachten hetzelfde was als de dag daarvoor!'

'Meen je dat serieus?' vroeg ik.

'Jazeker. Dit is de tirannie van het verarmde denken. Degenen die elke dag dezelfde dingen denken, waarvan het meeste negatief is, zijn tot een slechte gewoonte vervallen. In plaats van zich te richten op al het goede in hun leven en dingen te bedenken om het nog beter te maken, zijn ze de gevangenen van hun verleden. Sommigen van hen maken zich bezorgd over mislukte relaties of financiële problemen. Anderen maken zich druk over hun ongelukkige kinderjaren. Weer anderen piekeren over nog veel platvloersere dingen: de manier waarop een ondergeschikte hen te woord heeft gestaan, of het commentaar van een collega waaruit kwaadwilligheid sprak. Degenen die op die manier denken, laten zich door hun bezorgdheid van hun levenskracht beroven. Ze blokkeren het enorme potentieel in hun geest om wonderen te verrichten en hun alles te geven wat ze willen, in emotioneel, fysiek, ja zelfs in spiritueel opzicht. Deze mensen beseffen totaal niet dat geestesmanagement de essentie van levensmanagement is.

De manier waarop je denkt, komt voort uit gewoonte, zo simpel is dat,' vervolgde Julian met overtuiging. 'De meeste mensen beseffen eenvoudig niet hoe enorm krachtig hun geest is. Ik heb geleerd dat zelfs de best getrainde denkers slechts eenhonderdste procent van hun geestelijke reserves gebruiken. In Sivana durfden de Wijzen het aan om regelmatig het potentieel van hun geestelijke capaciteit verder aan te boren. En de resultaten waren verbijsterend. Yogi Raman had door regelmatig en gedisciplineerd oefenen zijn geest zo getraind dat hij zijn hartslag kon vertragen. Hij had zijn geest zelfs zo getraind dat hij weken zonder slaap kon. Ik wil je absoluut niet aanbevelen om hetzelfde te gaan doen, maar je wel laten zien wat je geest allemaal kan – het is het grootste geschenk van de natuur.'

'Zijn er oefeningen die ik kan doen om deze geesteskracht te ontwikkelen? Als ik mijn hartslag kan vertragen, zou me dat zeer populair maken op cocktailparty's,' opperde ik voor de grap.

'Houd je daar nu maar niet mee bezig, John. Ik zal je een paar praktische technieken leren die je later kunt gebruiken en die je de krachtige werking van deze eeuwenoude methode laten zien. Op dit moment is het belangrijk dat je begrijpt dat beheersing van de geest een gevolg is van training, niets meer en niets minder. De meesten van ons zijn vanaf onze eerste ademtocht uitgerust met dezelfde basismaterialen; wat de mensen die meer bereiken dan anderen of gelukkiger zijn dan anderen onderscheidt, is de manier waarop ze met deze basismaterialen omgaan. Wanneer je je richt op het veranderen van je innerlijk, wordt je leven in plaats van gemiddeld al gauw bijzonder.'

Mijn leermeester sprak steeds bezielder. Zijn ogen leken wel te stralen terwijl hij over de magie van de geest sprak en de rijkdom aan positieve dingen die deze voort kan brengen.

'Weet je John, uiteindelijk is er maar één ding waar we absoluut zeggenschap over hebben.'

'Onze kinderen?' vroeg ik met een welwillende glimlach.

'Nee – onze geest. We kunnen dan wel geen invloed uitoefenen op het weer of het verkeer of de stemmingen van degenen om ons heen, maar we kunnen wel degelijk iets doen aan onze houding ten opzichte van die zaken. We hebben allemaal de mogelijkheid om te bepalen wat we op een gegeven ogenblik denken. Dit vermogen maakt ons voor een deel tot mensen. Weet je, een van de fundamentele parels van wereldse wijsheid die ik op mijn reizen naar het Oosten ben gaan zien, is ook een van de simpelste.'

Julian wachtte even alsof hij een onbetaalbare schat te voorschijn ging halen.

'En wat mag dat wel zijn?'

'Er bestaat niet zoiets als de objectieve realiteit of "de werkelijke wereld". Er zijn geen absoluutheden. Jouw grootste vijand kan mijn beste vriend zijn. Een voorval dat zich aan de een voordoet als een tragedie, kan onbeperkte mogelijkheden in zich dragen voor een ander. Wat mensen die doorgaans opgewekt en optimistisch zijn werkelijk onderscheidt van degenen die voortdurend in de put zitten, is de manier waarop ze hun leefomstandigheden interpreteren en verwerken.'

'Julian, hoe kan een tragedie ooit iets anders zijn dan een tragedie?'

'Een voorbeeldje. Toen ik door Calcutta reisde, maakte ik kennis met een onderwijzeres, Malika Chand. Ze gaf graag les, behandelde haar leerlingen als haar eigen kinderen, en bracht hun in alle vriendelijkheid kennis bij. Haar eeuwige motto luidde: "Het Ik Kan is belangrijker dan je IQ." Ze stond in het hele dorp bekend als iemand die leefde om te geven, die altijd iedereen hielp. Helaas viel haar dierbare schooltje, dat een stilzwijgende getuige was geweest van de geweldige vorderingen van generaties kinderen, na de actie van een pyromaan ten prooi aan de vlammen. Alle inwoners van deze gemeenschap voelden dit als een groot verlies. Maar naarmate de tijd verstreek, maakte hun woede plaats voor apathie en ze legden zich neer bij het feit dat hun kinderen geen school meer hadden.'

'En Malika?'

'Zij reageerde anders, eeuwige optimist als ze was. In tegenstelling tot alle anderen zag zij dat dit voorval een kans bood. Ze zei tegen alle ouders dat ieder nadeel een even groot voordeel kon worden, als ze maar de tijd wilden nemen om daarnaar op zoek te gaan. Deze gebeurtenis was eigenlijk een geluk bij een ongeluk. De school die tot de grond afbrandde, was al oud en bouwvallig. Het dak lekte en de vloer was al bijna ingestort onder het getrappel van duizenden voetjes. Dit was de kans waarop ze hadden gewacht om de handen ineen te slaan en een veel betere school te bouwen, een die nog veel meer kinderen zouden kunnen bezoeken. En zo verzamelden ze hun krachten en wisten ze genoeg geld bijeen te krijgen om een schitterende nieuwe school te bouwen, die een geweldig voorbeeld was van wat er toch nog mogelijk is als iets tegen lijkt te zitten.'

'Dus het is net zoiets als het oude gezegde over de beker die je beter halfvol dan halfleeg kunt noemen?'

'Zo kun je het bekijken. Het maakt niet uit wat er in je leven gebeurt, jij alleen hebt het vermogen om je reactie daarop te kiezen. Wanneer je je eraan went in alle omstandigheden het positieve te zien, zal je leven tot het allerhoogste niveau stijgen. Dit is een van de belangrijkste natuurwetten.'

'En dat is allemaal mogelijk als je je geest effectiever gebruikt?'

'Precies, John. Alle succes in het leven, of het nu materieel of spiritueel is, begint bij die vijf kilo die op je schouders rust. Of liever gezegd, bij de gedachten die je iedere seconde van iedere minuut van iedere dag door je hoofd laat gaan. De wereld om je heen weerspiegelt je innerlijke beleving. Door de gedachten die door je heen gaan en de manier waarop je reageert om gebeurtenissen onder controle te krijgen, kun je invloed gaan uitoefenen op je bestemming.'

'Dat klinkt allemaal heel logisch, Julian. Ik denk dat mijn leven zo druk is geworden dat ik nooit de tijd heb genomen om hierover na te denken. Toen ik rechten studeerde, las mijn beste vriend Alex graag inspirerende boeken. Hij zei dat ze hem motiveerden en energie gaven tegenover onze enorme werkdruk. Ik weet nog dat hij me vertelde dat in een zo'n boek stond dat het Chinese karakter voor "crisis" een samenstelling is van twee andere karakters: een voor "gevaar" en een voor "mogelijkheid". Ik denk dat zelfs die oude Chinezen al wisten dat er een zonnige kant is aan de meest sombere omstandigheden – als je maar de moed hebt om daarnaar op zoek te gaan.'

'Yogi Raman stelt het aldus: "Er bestaan geen fouten in het leven, alleen lessen. Er is niet zoiets als een negatieve ervaring, er zijn alleen gelegenheden om te groeien, te leren en verder te gaan op de weg van de geestesbeheersing. Uit strijd komt kracht voort. Zelfs pijn kan een geweldige leermeester zijn."'

'Pijn?' protesteerde ik.

'Jazeker. Om pijn te boven te komen, moet je hem eerst ervaren. Of anders gezegd, hoe kun je werkelijk de vreugde kennen over het bereiken van de top van de berg als je niet eerst door de diepste dalen bent gegaan? Begrijp je?'

'Dus om het goede te kunnen waarderen, moet je het nare kennen?'

'Ja. Maar ik raad je aan gebeurtenissen niet als positief of negatief te beoordelen. Neem ze liever gewoon voor wat ze zijn, accepteer ze en leer ervan. Uit iedere gebeurtenis valt iets te leren. Deze kleine lessen geven voeding aan je innerlijke en uiterlijke groei. Zonder die lessen zou je op een vlakte blijven zitten. Denk maar na over je eigen leven. De meeste mensen zijn het meest gegroeid door hun moeilijkste ervaringen. En als dat je iets oplevert wat je niet verwacht had en je daardoor enigszins teleurgesteld bent, bedenk dan dat de natuurwetten er altijd voor zorgen dat wanneer de ene deur sluit, een andere opengaat.'

Julian begon in zijn begeestering met zijn armen te zwaaien, zoals een geestelijke in een zuidelijke staat die zijn gemeente toespreekt.

'Wanneer je dit principe consequent toepast op je dagelijks leven en je geest traint om ieder voorval te vertalen in een positieve gebeurtenis die je kracht geeft, ban je de zorgen voor altijd uit. Dan ben je niet langer een gevangene van je verleden. In plaats daarvan word je de bouwmeester van je toekomst.'

'Goed, dat begrijp ik. Iedere ervaring, zelfs de naarste, heeft me iets te leren. Daarom moet ik mijn geest openstellen voor wat ik uit een gebeurtenis kan leren. Op die manier word ik sterker en gelukkiger. En wat kan een nederig advocaatje uit de middenklasse nog meer doen?'

'Ten eerste leven van je verbeeldingskracht, niet van je herinneringen.'

'Zeg dat nog eens.'

'Ik wil alleen maar zeggen dat je, om je geest, lichaam en ziel te bevrijden, eerst je verbeeldingskracht moet vergroten. Weet je, alles ontstaat altijd tweemaal: eerst in de werkruimte van je geest en daarna, alleen daarna, in de werkelijkheid. Ik noem dit proces "blauwdrukken" omdat alles wat je in je buitenwereld creëert, is begonnen als een eenvoudige blauwdruk in je eigen innerlijk, op het rijke filmdoek van je geest. Wanneer je je gedachten gaat leren beheersen en je je in een toestand van totale verwachting levendig alles kunt voorstellen wat je van dit wereldse bestaan verlangt, zullen sluimerende krachten binnen in je ontwaken. Je zult het ware potentieel van je geest bevrijden om het magische leven te leiden dat je volgens mij verdient. Vergeet vanaf deze avond het verleden. Durf te dromen dat je meer bent dan de som van je huidige omstandigheden. Verwacht het beste. Je zult verbaasd staan over het resultaat.

Weet je John, al die jaren in de advocatuur heb ik gedacht dat ik zo veel wist. Ik bracht jaren door met studeren aan de beste instituten, ik las alle juridische boeken die ik te pakken kon krijgen en ik werkte met de beste rolmodellen. Zeker, ik was een winnaar in het spel der wet. Maar nu besef ik dat ik een verliezer was in het spel van het leven. Ik was zo druk bezig de grote vreugdes in het leven na te jagen dat ik alle kleine plezierties miste. Ik heb nooit die geweldige boeken gelezen die mijn vader me altijd aanraadde. Ik ben nooit hechte vriendschappen aangegaan. Ik heb nooit geleerd goede muziek te waarderen. Nu ik dit heb gezegd, bedenk ik echt dat ik geluk heb gehad. Mijn hartaanval kwam op het juiste moment, het was mijn persoonlijk ontwaken, als je het zo wilt noemen. Geloof me of niet, maar daardoor heb ik een tweede kans gekregen om een rijker, voller leven te leiden. Net als Malika Chand heb ik het positieve aspect gezien van mijn pijnlijke ervaring. Belangrijker nog, ik had de moed daaraan voeding te geven.'

Ik zag wel dat Julian, hoewel hij er aan de buitenkant jonger uitzag, vanbinnen veel wijzer was geworden. Ik besefte dat deze avond veel meer inhield dan een boeiend gesprek met een oude vriend. Ik besefte dat deze avond weleens bepalend voor mij kon zijn en een duidelijke kans op een nieuw begin kon betekenen. Ik begon alles te overdenken wat er in mijn eigen leven verkeerd zat. Zeker, ik had een geweldig gezin, en een stabiele baan als gewaardeerd advocaat. Maar op sommige momenten besefte ik dat er meer was. Ik moest die leegte opvullen die zich in mijn leven begon af te tekenen.

Als kind had ik geweldige dromen. Vaak stelde ik mezelf voor als een sportheld of een groot zakenman. Ik geloofde werkelijk dat ik alles wat ik wilde kon worden, hebben en doen. Ik herinnerde me ook hoe ik me als jonge jongen voelde die aan de zonovergoten westkust opgroeide. Het geluk zat in kleine dingen. Heerlijk was het om een middagje naakt te zwemmen of op de fiets door de bossen te rijden. Ik was zo levenslustig. Ik was een avonturier. Mijn toekomst kende geen beperkingen. Ik geloof eerlijk gezegd niet dat ik die vrijheid en die vreugde de laatste vijftien jaar nog heb gevoeld. Wat is er toch gebeurd?

Misschien ben ik mijn dromen kwijtgeraakt toen ik volwassen werd en me neerlegde bij de manier waarop volwassenen nu eenmaal verondersteld worden te handelen. Misschien ben ik ze kwijtgeraakt toen ik rechten ging studeren en op de manier ging praten die van juristen wordt verwacht. In ieder geval bracht die avond met Julian, waarop hij zijn hart uitstortte bij een kop koude thee, me tot het inzicht niet meer zoveel tijd in geld verdienen te steken en meer tijd aan het leiden van mijn leven te besteden.

'Ik geloof dat ik jou ook heb aangezet tot nadenken over je leven,' constateerde Julian. 'Denk weer eens aan je dromen, net zoals toen je een kind was. Jonas Salk heeft het heel duidelijk gezegd: "Ik heb dromen gehad en ik heb nachtmerries gehad. Ik heb de nachtmerries overwonnen met behulp van mijn dromen." Durf je dromen nieuw leven in te blazen, John. Ga het leven met al zijn wonderen weer waarderen. Stel je open voor de kracht van je eigen geest om dingen te laten gebeuren. Als je dat eenmaal kunt, zal het universum je helpen magie in je leven te brengen.'

Julian haalde ergens vanuit de diepte van zijn gewaad een klein kaartje, ongeveer zo groot als een visitekaartje, gescheurd aan de randen, blijkbaar als gevolg van maandenlang gebruik.

'Toen yogi Raman en ik langs een rustig bergpad wandelden, vroeg ik hem wie zijn favoriete filosoof was. Hij vertelde me dat hij de invloed van velen had ondergaan en dat het moeilijk was er een uit te kiezen. Er was echter een citaat dat hij diep in zijn hart met zich meedroeg; een citaat dat alle waarden in zich verenigde die hij na een leven in rustige contemplatie was gaan koesteren. Op die prachtige plek, ver weg in den vreemde, heeft die wijze geleerde uit het Oosten dit aan me verteld. Ook ik heb de woorden in mijn hart geëtst. Ze dienen om me dagelijks te herinneren aan alles wat we zijn – en alles wat we kúnnen zijn. De woorden zijn afkomstig van de grote Indiase filosoof Patanjali. Door ze elke morgen voordat ik ga zitten mediteren hardop te herhalen, hebben ze een diepe invloed op het verloop van mijn dag. En onthoud, John, dat woorden de verbale belichaming zijn van kracht.'

Julian liet me het kaartje lezen. Het citaat luidde:

Wanneer je je laat inspireren door een groots doel, een bijzonder project, komen al je gedachten vrij: je geest ontstijgt alle beperkingen, je bewustzijn breidt zich naar alle kanten uit en je komt terecht in een nieuwe, grote, geweldige wereld. Sluimerende krachten, gaven en talenten komen tot leven en je ontdekt dat je veel meer in je hebt dan je je ooit had voorgesteld.

Op dat moment zag ik het verband tussen fysieke vitaliteit en geestelijke scherpzinnigheid. Julian was in blakende gezondheid en zag er vele jaren jonger uit dan toen we elkaar voor het eerst ontmoetten. Hij bruiste van levenslust en het leek erop dat zijn energie, geestdrift en optimisme onbegrensd waren. Ik kon zien dat zijn vroegere levensstijl in vele opzichten was veranderd, maar het was duidelijk dat zijn schitterende metamorfose op een goed getrainde geest berustte. Succes vanbuiten begint inderdaad vanbinnen, en door zijn manier van denken te veranderen, had Julian Mantle zijn leven veranderd.

'Hoe kan ik deze positieve, serene en geïnspireerde houding ontwikkelen, Julian? Na al die jaren van sleur geloof ik dat mijn mentale spieren wat verslapt zijn. Nu ik eraan denk, ik heb zeer weinig controle over de gedachten die door de tuin van mijn geest dwalen,' zei ik in ernst.

'De geest is een geweldige dienaar, maar een verschrikkelijke meester. Als je een negatieve denker bent geworden, komt dat doordat je niet goed voor je geest hebt gezorgd en niet de tijd hebt genomen hem op het goede te fixeren. Winston Churchill heeft gezegd dat "de prijs van grootsheid verantwoordelijkheid voor iedere gedachte is". Daarmee zul je de levenslustige instelling waarnaar je op zoek bent bereiken. Bedenk dat de geest eigenlijk net als elke andere spier in je lichaam is. Als je hem niet traint, stelt hij niets voor.'

'Bedoel je dat mijn geest verzwakt als ik hem niet train?'

'Ja. Bekijk het eens op deze manier. Als je de spieren van je arm sterker wilt maken, moet je er oefeningen mee doen. Als je je beenspieren wilt versterken, moet je gaan sporten. Op dezelfde manier kan je geest alleen wonderen voor je verrichten als je hem daartoe de kans geeft. Hij zal alles wat je in je leven verlangt mogelijk maken, als je maar eenmaal weet hoe je hem effectief moet laten werken. Hij zal je een ideale gezondheid schenken als je er naar behoren voor zorgt. En hij zal weer tot zijn natuurlijke staat van vrede en rust terugkeren – als je maar weet dat je erom moet vragen. De Wijzen van Sivana hebben een heel bijzonder gezegde: "Alleen jij creëert de grenzen van je leven."'

'Dat begrijp ik niet, geloof ik.'

'Verlichte denkers weten dat hun gedachten hun wereld vormen, en de kwaliteit van het leven is af te meten aan de rijkdom van je gedachtewereld. Als je een rustiger, zinvoller leven wilt, moet je rustiger en zinvoller denken.'

'Doe me eens een snelle methode aan de hand, Julian.'

'Wat bedoel je?' vroeg Julian vriendelijk, terwijl zijn gebronsde vingers over de voorkant van zijn prachtige gewaad gleden.

'Ik zie wel iets in wat je me vertelt. Maar ik ben een ongeduldige kerel. Heb je niet een paar oefeningen of technieken die ik meteen in praktijk kan brengen, hier in deze kamer, om mijn manier van denken te veranderen?'

'Snelle methoden werken niet. Alle blijvende veranderingen in je innerlijk vragen tijd en inspanning. Volharding is de moeder van de persoonlijke verandering. Ik zeg niet dat het jaren duurt om diepgaande veranderingen in je leven te realiseren. Als je een maandlang nauwgezet elke dag de strategieën die ik je aanreik volgt, zul je verstomd staan over het resultaat. Je zult de hoogste niveaus van je capaciteiten bereiken en een magische wereld betreden. Maar om dat te bereiken, moet je je niet fixeren op het resultaat. In plaats daarvan kun je beter genieten van het proces van persoonlijke ontplooiing en groei. Het klinkt ironisch, maar hoe minder je je fixeert op het eindresultaat, hoe sneller het komt.'

'Hoe dan?'

'Het is net als in dat klassieke verhaal over de jongen die ver van huis ging om bij een groot meester in de leer te gaan. Toen hij de wijze oude man ontmoette, was zijn eerste vraag: "Hoelang duurt het voordat ik zo wijs ben als u?"

Het antwoord liet niet op zich wachten: "Vijf jaar."

"Dat is erg lang," vond de jongen. "En als ik nu eens twee keer zo hard mijn best doe?"

"Dan duurt het tien jaar," zei de meester.

"Tien jaar! Dat is veel te lang. En als ik nu eens de hele dag en iedere avond studeer?"

"Dan vijftien jaar," zei de Wijze.

"Dat begrijp ik niet," zei de jongen. "Iedere keer dat ik beloof nog harder te werken om mijn doel te bereiken, zegt u me dat het nog langer duurt. Waarom is dat?"

"Als je één oog gericht houdt op je bestemming, heb je nog maar één oog over om je tijdens je tocht te leiden."'

'Begrepen, meneer de raadsheer,' gaf ik welwillend toe. 'Het lijkt mijn levensverhaal wel.'

'Heb geduld en wees ervan overtuigd dat alles waarnaar je zoekt komt als je je erop voorbereidt en het verwacht.'

'Maar ik ben niet zo iemand die altijd geluk heeft, Julian. Alles wat ik ooit heb bereikt, heb ik door louter volharding bereikt.'

'Wat is geluk hebben, mijn vriend?' vroeg Julian. 'Niets meer dan een combinatie van voorbereiden en je kans afwachten.'

Julian vervolgde zacht: 'Voor ik je de methoden aan de hand doe die ik van de Wijzen van Sivana heb geleerd, moet ik je eerst een paar hoofdprincipes duidelijk maken. Ten eerste, bedenk altijd dat concentratie aan de basis ligt van heerschappij over je geest.'

'Echt waar?'

'Het heeft mij ook verbaasd. Maar het is waar. De geest kan buitengewone prestaties verrichten, dat weet je al. Louter het feit dat je een wens of een droom koestert, houdt in dat je ook de capaciteit hebt om die waar te maken. Dit is een van de universele waarheden van de Wijzen van Sivana. Maar om je geesteskracht vrij te maken moet je hem eerst kunnen gebruiken en kunnen richten op de taak die voor je ligt. Op het moment dat je je concentreert op een enkel doel, zullen je bijzondere geschenken ten deel vallen.'

'Waarom is het zo belangrijk je te kunnen concentreren?'

'Laat me je een raadsel opgeven waarmee je vraag op een leuke manier beantwoord wordt. Stel, je bent verdwaald in het bos, midden in de winter. Je probeert je wanhopig warm te houden. Je hebt alleen een rugzak bij je waarin een brief van je beste vriend zit, een blikje tonijn en een klein vergrootglas dat je bij je hebt omdat je ogen niet meer honderd procent zijn. Gelukkig lukt het je wat droog hout te vinden, maar helaas heb je geen lucifers bij je. Hoe zou je zorgen dat je vuur krijgt?'

Goeie hemel. Daar had Julian me even te pakken. Ik had geen idee wat het antwoord was.

'Ik weet het niet.'

'Het is heel eenvoudig. Leg de brief op het droge hout en houd daar het vergrootglas boven. Door de stralen van de zon heb je binnen een paar seconden een vuurtje.'

'En dat blikje tonijn?'

'O, dat heb ik er alleen in verwerkt om je af te leiden van de voor de hand liggende oplossing,' antwoordde Julian met een glimlach. 'Maar waar het hier om gaat is dit: als je de brief op droog hout legt, levert dat niets op. Maar zodra je het vergrootglas erboven houdt om de stralen van de zon te bundelen, krijg je vuur. Dit gaat ook op voor je geest. Wanneer je zijn enorme kracht concentreert op duidelijke, zinvolle doelen, zullen je persoonlijke capaciteiten al gauw "ontbranden" en verbazingwekkende resultaten boeken.'

'Zoals?' wilde ik weten.

'Alleen jij kunt die vraag beantwoorden. Waarnaar ben je op zoek? Wil je een betere vader worden, en een evenwichtiger, bevredigender bestaan leiden? Verlang je naar spirituele voldoening? Mis je avontuur en plezier? Denk daar eens over na.'

'En het eeuwige geluk?'

'Toe maar,' grinnikte hij. 'Pak het meteen maar groots aan. Maar goed, dat behoort ook tot de mogelijkheden.'

'Hoe dan?'

'De Wijzen van Sivana kennen het geheim van het geluk al vijfduizend jaar. Gelukkig waren ze bereid dat geschenk met mij te delen. Wil je erover horen?'

'Ach nee, ik denk dat ik maar even de garage ga behangen.'

'Hè?'

'Natuurlijk wil ik het geheim weten van het eeuwige geluk, Julian. Dat wil uiteindelijk toch iedereen?'

'Dat is waar. Nou, hier komt het... mag ik je om nog een kop thee vragen?'

'Een beetje snel graag.'

'Goed dan, het geheim van het geluk is heel eenvoudig: *probeer erachter te komen wat je het liefst doet, en richt daar al je energie op.* Als je de gelukkigste, gezondste en meest tevreden mensen van onze wereld bekijkt, zul je zien dat ze stuk voor stuk de passie van hun leven hebben gevonden, en daar al hun tijd aan wijden. Zo'n roeping is bijna iets om anderen mee te dienen. Wanneer je eenmaal je geesteskracht en energie gericht houdt op iets wat je het meest dierbaar is, stroomt een overvloed je leven binnen, en al je wensen worden met het grootste gemak vervuld.'

'Dus het gaat er gewoon om erachter te komen wat je echt bezielt en je daarvoor in te zetten?'

'Het is een waardig streven,' antwoordde Julian.

'Wat bedoel je met "waardig"?'

'Zoals ik al zei, John, moet je bezieling op de een of andere wijze iets voor anderen betekenen. Victor Frankl heeft het mooier uitgedrukt dan ik ooit zou kunnen: "Succes kan niet worden nagejaagd, evenmin als geluk. Het moet ergens uit voortvloeien. En dat gebeurt alleen als onbedoeld neveneffect wanneer je je inzet voor iets groters dan jezelf." Als je eenmaal weet wat je levenswerk is, komt je wereld tot leven. Je wordt op een ochtend wakker met een grenzeloze voorraad energie en geestdrift. Al je gedachten zullen gericht zijn op dat ene doel. Je zult geen tijd meer hebben om tijd te verspillen. Waardevolle geestkracht zal dan ook niet verspild worden aan triviale gedachten. Je zult automatisch je dagelijkse zorgen van je af zetten en veel effectiever en productiever te werk gaan. En bovendien heb je ook nog een diep gevoel van innerlijke harmonie, alsof je op de een of andere manier gestuurd wordt om je missie uit te voeren. Het is een geweldig gevoel. Ik vind het heerlijk,' vertelde Julian opgetogen.

'Fascinerend. Vooral wat je zei over dat opstaan met een goed gevoel. Om eerlijk te zijn, Julian, meestal wil ik bij het wakker worden het liefst onder de dekens blijven. Dat zou zoveel prettiger zijn dan de ochtendfiles, boze cliënten, agressieve tegenstanders en die eindeloze stroom negatieve invloeden het hoofd bieden. Het maakt me allemaal zo moe.'

'Weet je waarom de meeste mensen zoveel slapen?'

'Nou?'

'Omdat ze eigenlijk niets anders te doen hebben. Degenen die voor dag en dauw opstaan, hebben allemaal iets gemeen.'

'Krankzinnigheid?'

'Heel leuk. Nee, ze hebben allemaal een doel dat het vuur van hun innerlijke potentieel aanwakkert. Ze worden gedreven door hun prioriteiten, maar niet op een ongezonde, obsessieve manier. Het is allemaal veel rustiger. En met hun enthousiasme en liefde voor alles wat ze doen, leven zulke mensen op het moment zelf. Hun aandacht is volledig gericht op de taak die voor hen ligt. En daarom hebben ze geen last van energielekken. Deze mensen zijn de meest levenslustige en vitale personen die je ooit zult ontmoeten, als je dat geluk hebt.'

'Energielekken? Dat klink wel een beetje new-ageachtig, Julian. Ik wed dat je dat niet tijdens je rechtenstudie hebt geleerd.'

'Dat idee komt van de Wijzen van Sivana. Hoewel het al eeuwenlang bestaat, is de toepassing ervan vandaag de dag even relevant als toen het pas werd ontwikkeld. Te veel mensen worden opgeslokt door onnodige, eindeloze zorgen. Dit zuigt alle natuurlijke vitaliteit en energie uit hen weg. Heb je wel eens de binnenband van een fiets bekeken?'

'Natuurlijk.'

'Als die goed is opgepompt, kan hij je gemakkelijk naar je bestemming brengen. Maar als er een gaatje in zit, loopt hij uiteindelijk leeg en kun je je tocht niet voortzetten. De geest werkt net zo. Bezorgdheid maakt een lek in je kostbare mentale energie en vermogens, net als de lucht die uit een binnenband loopt. En ineens zit je zonder energie. Al je creativiteit, optimisme en motivatie zijn verdwenen, en je blijft uitgeput achter.'

'Dat gevoel ken ik. Ik breng mijn dagen vaak door in chaotische crisissituaties. Ik moet overal tegelijk zijn en ik schijn het nergens goed te doen. Op dat soort dagen merk ik dat ik, ook al heb ik maar heel weinig fysieke arbeid verricht, aan het eind van de dag totaal uitgeblust ben. Het enige wat ik dan nog zo ongeveer kan doen is mezelf een whisky inschenken en op de bank kruipen met de afstandsbediening.'

'Precies. Dat gebeurt er als je te veel stress in je leven hebt. Maar als je eenmaal je doel hebt gevonden, wordt het leven veel gemakkelijker en veel bevredigender. Wanneer je erachter komt wat je hoofddoel of je bestemming werkelijk is, hoef je nooit meer een dag in je leven te werken.'

'Vervroegd pensioen?'

'Nee,' zei Julian op de nuchtere toon die hij in zijn dagen als topadvocaat had gebezigd: 'Je werk wordt dan een spel.'

'Zou het niet een beetje gevaarlijk zijn om mijn baan op te zeggen en op zoek te gaan naar mijn ware bezieling? Ik bedoel, ik heb een gezin en verplichtingen. Vier mensen zijn van mij afhankelijk.'

'Ik zeg niet dat je morgen je baan moet opzeggen. Maar je moet risico's gaan nemen. Breng wat meer lucht in je leven. Veeg die spinnenwebben weg. Kies de minst bewandelde weg eens. De meeste mensen leven binnen de grenzen van hun veilige wereldje. Yogi Raman was de eerste die me uitlegde dat het beste wat je voor jezelf kunt doen is over die grenzen te gaan. Dit is de weg om meester te worden over jezelf en het ware potentieel van je menselijke gaven in te zien.'

'En wat mogen die wel zijn?'

'Je geest, je lichaam en je ziel.'

'En wat voor risico's moet ik dan nemen?'

'Wees toch niet zo pragmatisch. Ga dingen doen die je altijd hebt willen doen. Ik ken advocaten die hun baan hebben opgegeven om acteur te worden, en accountants die jazzmusicus zijn geworden. Tijdens het proces hebben ze het diepe geluk gevonden dat hun zo lang onthouden was. Wat gaf het dat ze niet langer tweemaal per jaar op vakantie naar de Kaaiman-eilanden konden? Een beetje risico kan je heel wat opleveren. Hoe kom je ooit op de derde tree als je met een voet op de tweede blijft staan?'

'Ik begrijp wat je bedoelt.'

'Denk er maar eens over na. Probeer te ontdekken wat de werkelijke reden is van je bestaan en heb de moed om daarnaar te handelen.'

'Met alle respect, Julian, ik doe niet anders dan denken. Eigenlijk is mijn probleem voor een deel dat ik te veel denk. Het houdt nooit op. Het blijft maar spoken in mijn hoofd – het maakt me soms helemaal gek.'

'Wat ik bedoel is iets heel anders. De Wijzen van Sivana namen allemaal dagelijks de tijd om in stilte na te denken, niet alleen over waar ze waren, maar ook waar ze naartoe gingen. Ze namen de tijd om na te denken over hun doel en hoe ze hun leven leidden, iedere dag. En het belangrijkste: ze dachten diep en waarachtig na over hoe ze het de volgende dag beter konden aanpakken. Door het iedere dag beter te doen bereik je resultaten die tot positieve veranderingen leiden.'

'Dus ik moet tijd uittrekken om regelmatig over mijn leven na te denken?'

'Ja. Zelfs tien minuten per dag zal al diepgaande invloed hebben op je levenskwaliteit.'

'Ik begrijp waar je op doelt, Julian. Het probleem is alleen dat als mijn dag eenmaal is begonnen, ik zelfs geen tien minuten kan vinden om te lunchen.'

'Mijn vriend, zeggen dat je geen tijd hebt om je gedachten en je leven ten goede te keren, is hetzelfde als beweren dat je geen tijd hebt om benzine te tanken omdat je te druk bezig bent met rijden. Uiteindelijk moet je wel.'

'Tja, ik weet het. O ja, je zou me een paar technieken leren, Julian,' zei ik, in de hoop wat praktische tips te krijgen om de wijsheden die ik te horen kreeg te kunnen toepassen.

'Er is een techniek voor geestesbeheersing die alle andere overtreft. Het is een favoriete techniek van de Wijzen van Sivana die ze me in hun grote vertrouwen hebben geleerd. Na deze techniek slechts eenentwintig dagen te hebben geoefend voelde ik me energieker, enthousiaster en levenslustiger dan ik me in jaren had gevoeld. De techniek is al meer dan vierduizend jaar oud. Zij wordt het Hart van de Roos genoemd.'

'Vertel eens.'

'Het enige wat je nodig hebt voor deze oefening is een verse roos en een rustig plekje. Buiten in de natuur is het beste, maar een rustige kamer is ook goed. Bekijk de roos, kijk naar het hart. Yogi Raman vertelde me dat een roos precies als het leven is: onderweg kom je doornen tegen, maar als je vertrouwen en geloof hebt in je dromen, kom je uiteindelijk na de doornen bij het mooiste deel van de roos. Blijf naar de roos staren. Merk de kleur op, de textuur en de vorm. Snuif de geur op en denk alleen maar aan die prachtige bloem voor je. Eerst zullen allerlei andere gedachten je verstoren, en je afleiden van het Hart van de Roos. Dat is normaal bij een ongetrainde geest. Maar je hoeft je geen zorgen te maken, het zal snel beter gaan. Richt eenvoudig je aandacht opnieuw op het voorwerp. Je geest zal snel sterker en gedisciplineerder worden.'

'En dat is alles? Dat klinkt tamelijk eenvoudig.'

'Dat is juist het mooie ervan, John,' antwoordde Julian. 'Maar let wel, dit ritueel moet dagelijks worden uitgevoerd, wil het effect hebben. De eerste paar dagen zul je het moeilijk vinden om zelfs maar vijf minuten hiermee door te brengen. De meesten van ons leven in zo'n koortsachtig tempo dat waarachtige rust en stilte in hun ogen vreemd en ongemakkelijk aandoet. De meeste mensen die mijn woorden horen, zullen zeggen dat ze geen tijd hebben om naar een bloem te zitten staren. Dat zijn dezelfde mensen die je vertellen dat ze geen tijd hebben om te genieten van lachende kinderen of om blootsvoets in de regen te lopen. Deze mensen zeggen dat ze het te druk hebben voor zulke dingen. Ze hebben niet eens tijd om vriendschap op te bouwen, want vriendschap kost tijd.'

'Je weet veel van dat soort mensen.'

'Ik was een van hen,' zei Julian. Hij zweeg even en zat doodstil, met zijn blik op de grote staande klok gericht die mijn grootmoeder Jenny en mij had gegeven ter gelegenheid van onze verhuizing. 'Wanneer ik aan de mensen denk die hun leven op deze manier leiden, schieten me de woorden te binnen van een oude Britse romanschrijver op wie mijn vader dol was: "Men moet de klok en de kalender niet gebruiken om blind te worden voor het feit dat ieder moment in het leven een wonder is – en een mysterie".'

'Houd vol en blijf steeds langer naar het Hart van de Roos kijken,' vervolgde Julian met zijn hese stem. 'Na een week of twee moet je deze techniek al zo'n twintig minuten kunnen volhouden zonder dat je gedachten zich op andere dingen richten. Dit zal de eerste aanwijzing zijn dat je je eigen geest meer beheerst. Hij zal zich dan alleen op dingen richten waarop jij wilt dat hij zich richt. Hij zal daarna een geweldige dienaar zijn, en de meest bijzondere dingen voor je kunnen doen. Bedenk goed: ofwel jij bent de baas over je geest, of hij is het over jou.

In praktisch opzicht zul je merken dat je je veel rustiger gaat voelen. Je hebt een belangrijke stap gezet wanneer je de bezorgdheid kwijt bent die de meeste mensen kwelt en je zult over meer energie en optimisme beschikken. En het belangrijkste is dat je ook vreugde zult voelen wanneer je meer oog krijgt voor de vele geschenken die je omringen. Keer iedere dag, hoe druk je ook bent en hoe veel problemen je ook hebt, terug naar het Hart van de Roos. Het is jouw oase. Het is de plek om je terug te trekken. Het is jouw eiland van vrede. Vergeet nooit dat er in stilte en rust grote kracht verscholen ligt. Het stil-zijn is de opstap naar de verbinding met de universele bron van intelligentie die zich in elk levend wezen bevindt.'

Ik was gefascineerd door zijn woorden. Zou het werkelijk mogelijk zijn om mijn levenskwaliteit te verhogen met zo'n eenvoudige techniek?

'Er zal toch wel meer nodig zijn dan het Hart van de Roos om de indrukwekkende veranderingen te realiseren die ik bij jou constateer?' vroeg ik me hardop af.

'Ja, dat is waar. In feite is mijn metamorfose het resultaat van een aantal zeer effectieve technieken. Maar maak je geen zorgen, al die oefeningen zijn net zo eenvoudig als die waarover ik je zojuist heb verteld – en even effectief! Voor jou, John, is het het belangrijkst dat je je geest openstelt om een leven te leiden dat rijk is aan mogelijkheden.'

Julian, die zoveel kennis in zich had, vertelde verder over wat hij in Sivana had geleerd. 'Een andere, bijzonder goede techniek om je geest te bevrijden van zorgen en ander negatieve, levenskracht onttrekkende invloeden is gebaseerd op wat yogi Raman het Tegengesteld Denken noemde. Ik heb geleerd dat de geest volgens de natuurwetten op één moment slechts één gedachte tegelijk kan hebben. Probeer het zelf John, dan zul je zien dat het klopt.'

Ik probeerde het en het klopte.

'Door gebruik te maken van deze weinig bekende informatie kan iedereen gemakkelijk binnen de kortste keren een positieve, creatieve geesteshouding creëren. Het proces is simpel: wanneer een ongewenste gedachte je geest bezighoudt, vervang je die onmiddellijk door een tegengestelde gedachte. Het is net alsof je geest een gigantische diaprojector is, waarbij iedere gedachte een dia voorstelt. Steeds wanneer een negatief beeld op het scherm wordt geprojecteerd, vervang je dat snel door een positief beeld.

En daar komen de gebedskralen om mijn hals bij kijken,' ging Julian opgetogen verder. 'Iedere keer dat ik mezelf op een negatieve gedachte betrap, haal ik deze ketting van mijn nek en neem ik er een kraal af. Deze "probleem"-kralen doe ik in een bekertje dat in mijn rugzak zit. Samen helpen ze me er op vriendelijke wijze aan herinneren dat ik een hele afstand heb af te leggen om mijn geest te beheersen en verantwoordelijkheid te nemen over de gedachten die mij bezighouden.'

'Nou, dat is een goeie! Dat is echt praktisch. Ik heb nog nooit zoiets gehoord. Vertel me nog eens wat meer over die filosofie van het Tegengestelde Denken.'

'Laat ik je een voorbeeld geven. Stel dat je een zware dag op de rechtbank hebt gehad. De rechter was het niet eens met je interpretatie van de wet, de advocaat van de tegenpartij was een beest, en je cliënt was niet erg over je te spreken. Je komt thuis en laat je met een ellendig gevoel in je lievelingsfauteuil vallen. Stap één is je ervan bewust worden dat je deze weinig inspirerende gedachten hebt. Zelfkennis is de eerste stap om meester te worden over jezelf. Stap twee is accepteren dat je net zo gemakkelijk als je sombere gedachten hebt toegelaten, deze kunt vervangen door opgewekte gedachten. Dus denk het tegenovergestelde van somberheid. Concentreer je op vrolijkheid en energie. Voel dat je gelukkig bent. Misschien komt er zelfs een glimlach op je gezicht. Beweeg je zoals je doet wanneer je je blij en opgetogen voelt. Ga rechtop zitten, haal diep adem en train je in positief denken. Je zult binnen enkele minuten het verschil merken. En wat nog belangrijker is, als je dit Tegengesteld Denken blijft oefenen, door het toe te passen op iedere negatieve gedachte die gewoontegetrouw je gedachtewereld binnendringt, zul je binnen enkele weken merken dat ze niet langer macht over je hebben. Begrijp je wat ik probeer te zeggen?'

Julian ging verder met zijn uitleg: 'Gedachten zijn levende dingen, kleine bundeltjes energie, zo je wilt. De meeste mensen schenken geen aandacht aan de aard van hun gedachten en toch bepaalt de kwaliteit van je denken de kwaliteit van je leven. Je gedachten maken evenzeer deel uit van de materiële wereld als het meer waarin je zwemt of de straat waarop je loopt. Een zwakke geest leidt tot zwakke handelingen. Een sterke, gedisciplineerde geest, die iedereen door dagelijks te oefenen kan krijgen, kan wonderen teweegbrengen. Als je je leven optimaal wilt leven, bekommer je dan om je gedachten alsof het je dierbaarste bezittingen zijn. Doe er alles aan om innerlijke onrust te voorkomen. De beloning zal rijkelijk zijn.'

'Ik heb gedachten nooit als levende dingen gezien, Julian,' zei ik, verbaasd over deze ontdekking. 'Maar ik zie wel in dat ze invloed hebben op ieder aspect van mijn wereld.'

'De Wijzen van Sivana waren ervan overtuigd dat men alleen maar *sattvic* ofwel pure gedachten moest hebben. Ze bereikten die toestand via de technieken die ik je zo juist heb verteld, samen met andere dingen zoals natuurlijk voedsel, herhaalde positieve bevestigingen, ofwel *mantra's*, het lezen van boeken vol wijsheid en door voortdurend te zorgen voor verlichte gedachten. Als ook maar een enkele onzuivere gedachte de tempel van hun geest binnendrong, straften ze zichzelf door vele kilometers ver te reizen naar een indrukwekkende waterval, en daar onder het ijskoude water te gaan staan tot ze de ijzige temperatuur niet langer konden verdragen.'

'Ik dacht dat je zei dat die mensen zo wijs waren. Een douche onder een ijskoude waterval diep in het Himalaya-gebergte als straf voor een negatieve gedachte vind ik nogal extreem.'

Julians antwoord kwam onmiddellijk, als resultaat van zijn jarenlange ervaring als rechtsheld: 'John, laat ik het ronduit zeggen. Je kunt je gewoon niet de luxe veroorloven van ook maar één enkele negatieve gedachte.'

'Echt niet?'

'Echt niet. Een kommervolle gedachte is als een embryo: zij begint klein maar groeit en groeit maar. En binnen de kortste keren leidt zij een eigen leven.'

Julian wachtte even, toen verscheen er een glimlach op zijn gezicht. 'Sorry als ik een beetje prekerig overkom als ik het over de denkwijze heb die ik tijdens mijn tocht heb geleerd. Het komt gewoon omdat ik gereedschappen heb ontdekt die iets kunnen doen voor veel mensen, mensen die zich onvervuld voelen, ongeïnspireerd en ongelukkig. Een paar aanpassingen in hun dagelijkse routine, waaronder de techniek van het Hart van de Roos en voortdurende toepassing van Tegengesteld Denken, en ze krijgen het leven dat ze wensen. Ik vind dat ze er recht op hebben dit te weten.

Voordat ik verderga naar het volgende element in het sprookje van yogi Raman, moet ik je nog een geheim vertellen dat je tot grote steun kan zijn in je persoonlijke groei. Dit geheim is gebaseerd op het aloude principe dat alles altijd twee keer wordt gecreëerd, eerst in de geest, daarna in de werkelijkheid. Ik heb al verteld dat gedachten dingen zijn, materiële boodschappers die we eropuit sturen om onze fysieke wereld te beïnvloeden. Ik heb je ook verteld dat als je hoopt op aanzienlijke verbetering in de wereld buiten je, je eerst vanbinnen moet beginnen en je manier van denken moet veranderen.

De Wijzen van Sivana hadden een prachtige manier om ervoor te zorgen dat hun gedachten puur en heilzaam bleven. Deze techniek was ook zeer effectief bij het verwezenlijken van hun wensen, hoe eenvoudig ook. De methode werkt bij iedereen. Zij werkt net zo goed voor een jonge advocaat die uit is op financiële welstand als voor een moeder die een rijker gezinsleven wil of een vertegenwoordiger die meer wil verkopen. De techniek was bij de Wijzen bekend als het Geheim van het Meer. Om haar toe te passen stonden deze leermeesters 's ochtends vroeg al om vier uur op, aangezien ze het idee hadden dat de vroege ochtend magische eigenschappen had waarmee zij hun voordeel konden doen. De Wijzen reisden daarna over een aantal steile, smalle bergpaden die hen uiteindelijk naar de lager gelegen regionen van hun woongebied brachten. Wanneer ze daar eenmaal waren, liepen ze langs een nauwelijks zichtbaar spoor, omzoomd door schitterende dennenbomen en exotische bloemen, tot ze bij een open plek aankwamen. Aan de rand daarvan was een helder blauw meer, bedekt met duizenden kleine witte lotusbloemen. Het water van dit meer was opvallend rustig en stil. Het was werkelijk betoverend mooi. De Wijzen vertelden me dat dit meer al eeuwen geleden voor hun voorouders als een vriend was.'

'Wat was het Geheim van het Meer?' vroeg ik ongeduldig.

Julian legde uit dat de Wijzen in het water van het stille meer keken en daarin hun dromen waarheid zagen worden. Als ze meer discipline wilden, stelden ze zichzelf voor bij het aanbreken van de dag waarna ze hun reeks lichamelijke oefeningen uitvoerden en hun dagen doorbrachten in stilzwijgen, om hun wilskracht te vergroten. Als ze meer vreugde in hun leven wilden, keken ze in het meer en ze zagen zichzelf onbedaarlijk lachend of met een glimlach, iedere keer dat ze een van hun broeders of zusters tegenkwamen. Als ze meer moed wensten, zagen ze zichzelf op momenten waarin het erop aankwam vol kracht reageren.

Yogi Raman heeft me eens verteld dat hij als jonge jongen zelfvertrouwen miste omdat hij kleiner was dan andere jongens van zijn leeftijd. Wanneer zij vriendelijk en aardig tegen hem waren, werd hij onzeker en verlegen. Om iets aan dit zwakke punt te doen, reisde yogi Raman naar deze hemelse plek en gebruikte hij het meer om in zijn gedachten de persoon te zien die hij graag wilde worden. Op sommige dagen stelde hij zichzelf voor als een sterk leider; rechtop en met een krachtige, gebiedende stem. Op andere dagen zag hij zichzelf zoals hij wilde worden als hij ouder werd: een wijs man, vol innerlijke kracht en karakter. Alle deugden die hij zich in zijn leven wenste, zag hij voor het eerst in de spiegel van het meer.

Binnen een paar maanden werd Yogi Raman de persoon die hij zich in gedachten had voorgesteld. Je ziet, John, dat de geest via voorstellingen werkt. Deze hebben invloed op je zelfbeeld en je zelfbeeld heeft weer invloed op de manier waarop je je voelt, op wat je doet en presteert. Als je zelfbeeld jou vertelt dat je te jong bent om een succesvol advocaat te zijn, of te oud om je gedrag nog ten goede te kunnen veranderen, zul je deze doelen nooit bereiken. Als je zelfbeeld je vertelt dat een doelgericht leven, een uitstekende gezondheid en geluk alleen weggelegd zijn voor mensen met een andere achtergrond dan de jouwe, zal die voorspelling ook werkelijk uitkomen.

Maar wanneer je inspirerende, fantasievolle beelden op het filmdoek van je geest ziet, beginnen de wondertjes zich in je leven te voltrekken. Einstein heeft gezegd dat "fantasie belangrijker is dan kennis". Je moet iedere dag wat tijd, al is het maar een paar minuten, vrijmaken om te oefenen in creatieve visualisatie. Zie jezelf zoals je jezelf wilt zien, of dit nu als een groot rechter is, als een goede vader of een goed burger.'

'Moet ik op zoek naar een speciaal meer om dit Geheim van het Meer op toe te passen?' vroeg ik in mijn naïviteit.

'Nee. Het Geheim van het Meer was alleen maar de naam die de Wijzen hebben gegeven aan de tijdloze techniek van het gebruik van positieve beelden ter beïnvloeding van de geest. Je kunt deze methode uitvoeren in je eigen woonkamer of zelfs op kantoor, als je dat echt wilt. Sluit je deur, laat alle telefoontjes tegenhouden en doe je ogen dicht. Haal daarna een paar keer diep adem. Na twee of drie minuten merk je dat je je gaat ontspannen. Vervolgens stel je je in gedachten de beelden voor van alles wat je in dit leven wilt worden, hebben en bereiken. Als je de beste vader van de wereld wilt worden, stel jezelf dan lachend en spelend met je kinderen voor, vol openheid reagerend op hun vragen. Stel je voor hoe je vriendelijk en liefdevol optreedt in een gespannen situatie. Herhaal die gedragingen in gedachten wanneer een soortgelijk scenario zich in de werkelijkheid voordoet.

De magische kracht van visualisatie kan op heel veel situaties worden toegepast. Je kunt het gebruiken om meer succes in je procesvoering te boeken, om je relaties te verbeteren en je spiritueel te ontwikkelen. Een consequent gebruik van deze methode bezorgt je ook financiële winst, als dat belangrijk voor je is. Begrijp voor eens en altijd dat je geest magnetische kracht heeft en alles aan zal trekken wat je wenst in het leven. Als het je in je leven aan iets ontbreekt, is dat omdat er iets in je gedachten ontbreekt. Houd jezelf de mooiste beelden voor. Een enkele negatieve gedachte werkt als gif voor je geest. Als je eenmaal gaat ervaren wat voor vreugde deze eeuwenoude methode oplevert, zul je beseffen hoe eindeloos veel mogelijkheden je geest kent en kan je hele voorraad aan capaciteiten en energie die tot nu toe heeft liggen sluimeren tot ontwaken komen.'

Het was alsof Julian een vreemde taal sprak. Ik had nog nooit eerder iemand gehoord over de magnetische kracht van de geest die spirituele en materiële rijkdom zou aantrekken. En ik had nooit eerder iemand horen praten over de kracht der verbeelding en de diepgaande effecten die dit op ieder aspect van je leven heeft. Maar diep vanbinnen had ik vertrouwen in Julians woorden. Dit was een man wiens oordeel en intellectuele vermogens puur waren. Dit was een man die internationaal gerespecteerd was om zijn scherpzinnigheid in rechtsaangelegenheden. Dit was een man die de weg al was gegaan die ik nu ging. Julian had op zijn zwerftocht naar het Oosten iets gevonden, dat was duidelijk. Zijn vitale verschijning, de rust die hij uitstraalde, zijn hele metamorfose bevestigden dat ik er verstandig aan deed naar zijn advies te luisteren.

Hoe meer ik nadacht over wat ik te horen kreeg, hoe zinniger het me voorkwam. Natuurlijk moest de geest veel meer in zich hebben dan de meesten van ons gebruiken. Hoe kon het anders dat een moeder een stilstaande auto kan optillen om haar kind te redden dat eronder was terechtgekomen? Hoe kon het anders dat een karatebeoefenaar met een enkele slag van zijn hand een stapel stenen doormidden kan slaan? Hoe kon het anders dat de yogi's in het Oosten hun hartslag kunnen vertragen of verschrikkelijke pijnen kunnen doorstaan zonder een spier te vertrekken? Misschien lag het werkelijke probleem binnen in mij en mijn gebrek aan geloof in de gaven die iedereen tot zijn beschikking heeft. Misschien was deze avond met de ex-miljonair-advocaat die in een monnik was veranderd wel een soort oproep om het beste van mijn leven te gaan maken.

'Maar dit soort oefeningen op kantoor, Julian?' vroeg ik. 'Mijn partners zouden me voor gek verslijten, nog meer dan ze al doen.'

'Yogi Raman en alle vriendelijke Wijzen met wie ik daar woonde, kenden een gezegde dat al generatieslang bestaat. Het is me een voorrecht het aan jou te kunnen doorgeven, op deze avond die voor ons beiden zo'n belangrijke avond is geworden, als ik het zo mag stellen. Het gezegde luidt als volgt: "Er is niets edels aan om superieur te zijn aan een ander. Werkelijk edel ben je als je superieur bent aan je vroegere zelf." Wat ik bedoel is dat als je je leven wilt verbeteren en alles wilt krijgen wat je verdient, je je eigen wedloop moet lopen. Het doet er niet toe wat anderen over je zeggen. Het gaat erom wat je tegen jezelf zegt. Maak je niet druk over het oordeel van anderen, zolang je weet dat wat jij doet, goed is. Je kunt alles doen wat je wilt, zolang het maar in overeenstemming is met je geweten en je hart. Schaam je nooit over iets wat goed is; beslis op grond van wat jij goed acht en houd je daaraan. En in 's hemelsnaam, verlaag je nooit tot de zielige gewoonte je eigenwaarde af te meten aan de nettowaarde van andere mensen. Yogi Raman zegt het als volgt: "Iedere seconde die je aan andermans dromen besteedt, gaat van je eigen dromen af."'

Het was nu zeven minuten na middernacht. Vreemd genoeg voelde ik me niet in het minst vermoeid. Toen ik dit tegen Julian zei, glimlachte hij weer. 'Je hebt daarmee alweer een principe geleerd voor een verlicht leven. In de meeste gevallen is vermoeidheid een creatie van de geest. Vermoeidheid domineert de levens van degenen die zonder richting en zonder dromen leven. Ik zal je een voorbeeld geven. Heb je weleens een middag op kantoor gezeten waarop je droge materie zat door te lezen, waarbij je gedachten begonnen af te dwalen en je slaap begon te krijgen?'

'Zo af en toe,' zei ik, want het feit dat dit mijn modus operandi was, wilde ik liever niet onthullen. 'Natuurlijk, de meesten van ons voelen zich weleens slaperig op het werk.'

'Ja, maar als een vriend dan belt om te vragen of je 's avonds mee gaat sporten, of je advies vraagt over een golfaangelegenheid, weet ik zeker dat je ineens weer klaarwakker bent. Ieder spoortje vermoeidheid is dan verdwenen. Klopt dat zo ongeveer?'

'Dat klopt, raadsheer.'

Julian wist dat hij raak had geschoten. 'Dus je vermoeidheid was niets meer dan een creatie van de geest, een slechte gewoonte die je geest heeft ontwikkeld als manier om aan een of andere vervelende taak te ontsnappen. Vanavond ben je duidelijk geboeid door mijn verhalen, en nieuwsgierig naar de wijsheid die ik je kan vertellen. Je belangstelling en je aandacht geven je energie. Vanavond is je geest niet gericht geweest op het verleden of op de toekomst. Hij heeft zich duidelijk gericht op het heden, op ons gesprek. Wanneer je consequent je geest op het leven in het heden richt, heb je altijd onbeperkte energie, ongeacht de tijd die de klok aangeeft.'

Ik knikte instemmend. Julians wijze opmerking leek voor de hand liggend en toch was zoiets nooit bij me opgekomen. Ik denk dat het gewone gezond verstand toch niet zo gewoon is. Ik moest denken aan wat mijn vader altijd tegen me zei toen ik jong was: 'Wie zoekt, zal vinden.' Ik wenste dat hij bij me was.

Hoofdstuk 7 ✧ Samenvatting
JULIANS WIJSHEID IN EEN NOTENDOP

HET SYMBOOL

DE DEUGD Leer je geest beheersen

DE WIJSHEID
taat
- ✧ Ontwikkel je gedachten – het resultaat zal je verwachtingen overtreffen
- ✧ De kwaliteit van je leven wordt bepaald door de kwaliteit van je gedachten
- ✧ Fouten bestaan niet – alleen lessen bestaan. Beschouw tegenslagen als kansen om je persoonlijk te ontplooien en in spiritueel opzicht te groeien

DE TECHNIEKEN
- ✧ Het Hart van de Roos
- ✧ Tegengesteld Denken
- ✧ Het Geheim van het Meer

OM TE ONTHOUDEN *Het geheim van geluk is eenvoudig: zoek wat je echt bezielt en richt daarop al je energie. Als je dat eenmaal doet, stroomt rijkdom je leven binnen en worden alle wensen met het grootste gemak vervuld.*

Hoofdstuk 8

Je innerlijke vuur aanwakkeren

Vertrouw op jezelf. Creëer het soort leven waarin je je een leven lang gelukkig zult voelen. Haal het beste uit jezelf door de piepkleine vonkjes van je mogelijkheden aan te wakkeren tot een gloedvol vuur van welslagen.

Foster C. McClellan

'De dag waarop yogi Raman me zijn mystieke verhaal vertelde, hoog boven in het Himalaya-gebergte, leek eigenlijk in heel veel opzichten op deze dag,' merkte Julian op.

'O ja?'

'Onze ontmoeting begon in de avond en duurde tot ver in de nacht. Er gebeurde zoveel tussen ons dat de lucht leek te knetteren van elektriciteit. Zoals ik je al vertelde, had ik vanaf het eerste ogenblik dat ik Raman ontmoette het gevoel dat hij de broer was die ik nooit gehad had. Vanavond bij jou, waarbij ik geniet van die geboeide blik in je ogen, voel ik dezelfde energie, dezelfde verbondenheid. Ik zal je ook vertellen dat ik je vanaf het moment dat we vrienden werden, als een jongere broer heb beschouwd. Om eerlijk te zijn, ik herkende veel van mezelf in jou.'

'Je was een geweldig goed advocaat, Julian. Ik zal nooit vergeten hoe goed je was.'

Het was duidelijk dat Julian niet geïnteresseerd was in de fossielen van het verleden.

'John, ik zou graag het verhaal van yogi Raman verder met je bespreken, maar voor ik dat doe, wil ik iets bevestigd horen. Je hebt nu al over een aantal zeer effectieve methoden gehoord voor persoonlijke verandering, die wonderen zullen verrichten als je ze consequent toepast. Ik zal vanavond mijn hart voor je openstellen en je alles vertellen wat ik weet, zoals mijn plicht is. Ik wil alleen de garantie dat je ten volle begrijpt hoe belangrijk het is dat jij, op jouw beurt, deze wijsheden doorgeeft aan al diegenen die ze nodig hebben. We leven in een zeer verwarde wereld. Negativiteit sijpelt overal doorheen en velen in onze maatschappij zijn als schepen zonder roer, vermoeide zielen op zoek naar een vuurtoren die hen ervan weerhoudt tegen de rotsen te pletter te slaan. Jij moet hun kapitein zijn. Ik vertrouw erop dat jij de boodschap van de Wijzen van Sivana overbrengt aan iedereen die haar wil horen.'

Na even nagedacht te hebben, beloofde ik Julian uit volle overtuiging dat ik deze opdracht aanvaardde. Daarna ging hij bezield verder. 'Het mooie van de hele opgave is dat je, terwijl je bezig bent voor het leven van anderen, je eigen leven tot het hoogste niveau optilt. Deze waarheid is gebaseerd op een eeuwenoud model voor een heel bijzonder leven.'

'Ik ben een en al oor.'

'De Wijzen uit het Himalaya-gebergte leven eigenlijk naar één simpele wet: hij die het meest dient, oogst het meest, in emotioneel, lichamelijk, geestelijk en spiritueel opzicht. Dit is de weg naar innerlijke vrede en vervulling van je wensen.'

Ik heb eens gelezen dat wie anderen bestudeert wijs is, maar wie zichzelf bestudeert verlicht. Hier zag ik, misschien wel voor het eerst, een man die zichzelf, misschien wel zijn hoogste zelf, door en door kende. In zijn sobere gewaad, met die halve glimlach van een jeugdige Boeddha op zijn rimpelloze gezicht, leek Julian Mantle het allemaal te hebben: perfecte gezondheid, geluk en een duidelijk besef van zijn rol in de kaleidoscoop van het universum. En toch bezat hij niets.

'En dat brengt me bij de vuurtoren,' zei Julian, zich meteen weer op het onderwerp richtend.

'Ik vroeg me al af wat die te betekenen had in het sprookje van yogi Raman.'

'Ik zal proberen het uit te leggen,' zei hij. Hij klonk eerder als een professor dan als een advocaat die monnik is geworden en de wereld der zinnen heeft afgezworen. 'Je hebt nu geleerd dat de geest een vruchtbare tuin is en dat je die dagelijks voeding moet geven, wil hij rijkelijk bloeien. Laat nooit het onkruid der onzuivere gedachten en handelingen in die tuin toe. Bewaak de poort van je geest. Houd je geest gezond en sterk – hij zal wonderen verrichten als je hem daartoe de kans geeft.

Je zult nog wel weten dat midden in die tuin een schitterende vuurtoren stond. Dit symbool zal je herinneren aan een ander eeuwenoud principe voor een verlicht leven: het doel van het leven is doelgerichtheid. Wie werkelijk verlicht is, weet wat hij van het leven wil, in emotioneel, materieel, lichamelijk en spiritueel opzicht. Helder geformuleerde prioriteiten en doelen voor ieder aspect in je leven dienen een soortgelijke rol als die van een vuurtoren die je de weg wijst wanneer de zee onstuimig wordt. Weet je, John, iedereen kan zijn levensroer omgooien als hij eenmaal van richting is veranderd. Maar als je niet eens weet waarheen je gaat, hoe kun je dan ooit weten wanneer je aankomt?'

Julian nam me mee terug naar de tijd dat yogi Raman dit principe met hem doornam. Hij herinnerde zich de exacte woorden van de Wijze nog. 'Het leven is grappig,' vond yogi Raman. 'Men zou denken dat hoe meer je werkt, hoe meer kans op geluk je hebt. Maar de werkelijke bron van geluk kan in één woord gevat worden: prestatie. Blijvend geluk komt voort uit een gestaag werken om je doelen te volbrengen, een met vertrouwen verdergaan in de richting van je levensdoel. Dit is het geheim van het aanwakkeren van het innerlijk vuur dat binnen in je smeult. Ik weet wel dat het misschien ironisch klinkt dat iemand duizenden kilometers heeft gereisd vanuit een prestatiegerichte maatschappij om van een groep mystieke Wijzen in het Himalaya-gebergte te vernemen dat het eeuwig geheim van het geluk in prestatie ligt, maar het is waar.'

'Werkverslaafde monniken?' waagde ik plagerig.

'Precies het tegenovergestelde. De Wijzen waren weliswaar bijzonder productief, maar hun productiviteit had niet dat koortsachtige. Nee, het was juist heel vredig, geconcentreerd, zenachtig.'

'Hoe dan?'

'Alles wat ze deden had een doel. Hoewel ze ver van de moderne wereld leefden en een spiritueel bestaan leidden, waren ze ook zeer effectief bezig. Sommigen brachten hun dagen door met het doornemen van filosofische verhandelingen, anderen maakten fabelachtige, fraai opgebouwde gedichten die hun intellect op de proef stelden en hun creativiteit prikkelden. Weer anderen brachten hun tijd in de stilte van totale contemplatie door, als beelden in de eeuwenoude lotushouding. De Wijzen van Sivana verspilden hun tijd niet. Hun collectieve geweten vertelde hun dat hun leven een doel had en zij hadden de plicht dat te verwezenlijken.

Dit is wat yogi Raman tegen me zei: "Hier in Sivana, waar de tijd lijkt stil te staan, zou je je kunnen afvragen wat een groep eenvoudige, bezitloze Wijzen zou moeten of willen presteren. Maar prestatie hoeft niet iets materieels in te houden. Wat mezelf betreft, mijn doel is het bereiken van gemoedsrust, wilskracht en verlichting. Als ik er niet in slaag deze doelen tegen het eind van mijn leven te hebben gehaald, weet ik zeker dat ik onvervuld en ontevreden sterf."'

Julian vertelde me dat dat de eerste keer was dat hij een van zijn leermeesters in Sivana over hun eigen sterfelijkheid had horen praten. 'En yogi Raman kon dat aan me merken. "Je hoeft je geen zorgen te maken, mijn vriend. Ik leef al langer dan honderd jaar en ik ben nog niet van plan er snel tussenuit te gaan. Ik bedoel alleen maar dat wanneer je goed weet wat je tijdens je leven wilt bereiken, of dat nu in materieel, emotioneel, fysiek of spiritueel opzicht is, en je brengt daarmee je dagen door, je uiteindelijk eeuwige vreugde ten deel zal vallen. Je leven zal even heerlijk als het mijne zijn – en je zult een prachtige werkelijkheid leren kennen. Maar je moet weten wat je doel in het leven is en dat zien te verwezenlijken door consequent handelen. Wij Wijzen noemen dit *dharma*, wat Sanskriet is voor levensdoel."'

'Levenslange tevredenheid komt voort uit de vervulling van mijn dharma?' vroeg ik.

'Zeker. Dharma heeft innerlijke harmonie en voortdurende voldoening tot gevolg. Dharma is gebaseerd op het aloude principe dat iedereen op deze aarde een heroïsche missie heeft. We hebben allemaal een unieke verzameling gaven en talenten meegekregen die ons in staat stelt dit levenswerk te realiseren. Het gaat er om te ontdekken wat deze zijn, en daarmee het hoofddoel van je leven te ontdekken.'

Ik onderbrak Julian. 'Het lijkt op wat je al eerder zei over risico's nemen.'

'Misschien wel, misschien niet.'

'Ik begrijp je niet.'

'Misschien wel, omdat het erop lijkt dat je gedwongen bent om een paar risico's te nemen wanneer je gaat ontdekken waar je het best in bent en wat de essentie van je levensdoel is. Veel mensen zeggen hun baan op die hen in hun ontplooiing heeft belemmerd zodra ze erachter komen wat het ware doel in hun leven is. Het zoeken naar jezelf houdt altijd een zeker risico in. En misschien niet, omdat het nooit een risico met zich meebrengt wanneer je jezelf en je levensmissie gaat ontdekken. Zelfkennis is het DNA van zelfverlichting. Het is een zeer goed, ja zelfs essentieel onderdeel.'

'Wat is jouw dharma, Julian?' vroeg ik quasi terloops, in een poging mijn nieuwsgierigheid te verbergen.

'Het mijne is eenvoudig: onbaatzuchtig anderen dienen. Bedenk dat je ware vreugde nooit zult vinden in slapen, ontspanning of je tijd doorbrengen met niets-doen. Benjamin Disraeli heeft gezegd: "Het geheim van succes is voortdurend het doel blijven volgen." Het geluk dat je zoekt komt als gevolg van je reflectie op de waardevolle doelen waar je je aan wijdt en vervolgens van wat je doet om ze te realiseren. Dit is een directe toepassing van de tijdloze filosofische gedachte die stelt dat wat het belangrijkst is, nooit opgeofferd mag worden aan wat het minst belangrijk is. De vuurtoren uit het verhaal van yogi Raman zal je altijd herinneren aan de kracht die uitgaat van duidelijk omschreven doelen en, het allerbelangrijkst, de wilskracht om die na te streven.'

In de loop van de volgende paar uur leerde ik van Julian dat alle hoogontwikkelde, volledig bewuste mensen het belang inzien van het vinden van hun talenten, het ontdekken van hun persoonlijke doel en het toepassen van hun menselijke gaven om daaraan vervulling te geven. 'Sommigen dienen de mensheid onbaatzuchtig als arts, anderen als kunstenaar. Sommige mensen komen erachter dat ze heel goed iets kunnen overbrengen en worden prima leermeesters, terwijl anderen tot het besef komen dat hun nalatenschap de vorm zal aannemen van vernieuwingen op het gebied van zaken of wetenschap. Het gaat erom dat je de discipline en de visie ontwikkelt om je missie te ontdekken en ervoor te zorgen dat die andere mensen van dienst kan zijn.'

'Is dit een vorm van doelen stellen?'

'Doelen stellen is het uitgangspunt. Door je doelen te omschrijven boor je je creativiteit aan die je op het juiste pad zal brengen. Geloof het of niet, yogi Raman en de andere Wijzen waren zeer gericht op hun doel.'

'Je meent het. Uiterst effectieve monniken, hoog in het Himalayagebergte die de hele nacht mediteren en de hele dag doelen stellen. Geweldig!'

'John, oordeel altijd naar het resultaat. Kijk naar mij. Soms herken ik mezelf niet eens wanneer ik in de spiegel kijk. Mijn eens onbevredigende bestaan heeft plaatsgemaakt voor een leven rijk aan avontuur, mysteries en opwinding. Ik ben weer jong en ik geniet een blakende gezondheid. Ik ben echt gelukkig. De wijsheid die ik je breng is zó machtig en zó belangrijk en zó vol levensenergie dat je je er gewoonweg voor moet blijven openstellen.'

'Dat doe ik ook, Julian, echt, dat doe ik. Alles wat je zegt klinkt geweldig, hoewel sommige technieken me een beetje vreemd lijken. Maar ik heb je beloofd ze uit te proberen en dat doe ik ook. Ik ben het met je eens dat deze informatie zeer veel in zich heeft.'

'Als ik verder heb kunnen kijken dan anderen, is dat simpelweg omdat ik op de schouders heb kunnen staan van grote leermeesters,' antwoordde Julian in alle bescheidenheid. 'Hier volgt nog een voorbeeld. Yogi Raman was een uitstekend boogschutter. Om deze filosofie over het belang van het stellen van duidelijk omschreven doelen voor ieder aspect van het leven en het vervullen van je missie te illustreren, liet hij me iets zien wat ik nooit zal vergeten.

Vlak bij waar we zaten stond een prachtige eik. De Wijze trok een van de rozen uit de krans die hij meestal droeg, en bevestigde die in het midden van de stam. Daarna haalde hij drie voorwerpen uit de grote rugzak die hij altijd bij zich droeg wanneer hij diep de bergen in trok, zoals we toen deden. Het eerste was zijn favoriete boog, gemaakt van een heerlijk geurend stukje stevig sandelhout. Het tweede voorwerp was een pijl. Het derde was een lelieblanke zakdoek – het soort dat ik vroeger altijd in het zakje van mijn dure kostuum droeg om rechters en juryleden te imponeren,' voegde Julian er verontschuldigend aan toe.

Yogi Raman vroeg Julian daarna om de zakdoek als een blinddoek om zijn hoofd te knopen.

'Hoever van de roos sta ik nu?' vroeg yogi Raman zijn leerling.

'Dertig meter,' schatte Julian.

'Heb je me ooit eerder bezig gezien in mijn dagelijkse beoefening van deze aloude sport?' vroeg de Wijze, die heel goed wist wat het antwoord was.

'Ik heb u vanaf een afstand van bijna negentig meter de roos zien raken en ik kan me niet herinneren dat u ooit van de afstand waarop u nu staat hebt gemist.'

Daarna, geblinddoekt en met zijn voeten stevig in de grond, spande de leermeester met al zijn energie de boog en hij schoot de pijl in de richting van de roos aan de boom. De pijl kwam met een doffe klap tegen de boomstam terecht, op een behoorlijke afstand van het doel.

'Ik dacht dat u nog een staaltje van uw wondertalent zou laten zien, yogi Raman. Wat is er gebeurd?'

'We zijn slechts om één reden naar deze afgelegen plek gereisd. Ik heb besloten je van al mijn wereldse kennis op de hoogte te brengen. De demonstratie van vandaag is bedoeld om mijn advies, over het belang van duidelijk omschreven levensdoelen en precies weten waar je heen wilt, kracht bij te zetten. Wat je zo juist hebt gezien, bevestigt het belangrijkste principe voor iedereen die zijn doelen wil bereiken en zijn levensdoel wil volbrengen: je kunt nooit een doel bereiken dat je niet kunt zien. Mensen brengen hun hele leven door met dromen over geluk, een bruisender leven en een bestaan vol bezieling. Maar toch zien ze er niets in om maandelijks tien minuutjes de tijd te nemen om hun doelen op te schrijven en diep na te denken over de zin van hun leven, hun dharma. Je een doel stellen maakt je leven tot iets schitterends. Je wereld wordt rijker, mooier en magischer.

Weet je, Julian,' zei yogi Raman, 'onze voorouders hebben ons geleerd dat bij het stellen van duidelijke doelen met betrekking tot wat we in onze geestelijke, fysieke en spirituele wereld verlangen het belangrijkste is ze ook te kunnen verwezenlijken. In de wereld waar jij vandaan komt, stellen mensen financiële en materiële doelen. Daar is niets verkeerds aan, als dat is wat je het meest waardevol acht. Maar als je meester wilt worden over je eigen geest en innerlijke verlichting wilt bereiken, moet je ook concrete doelen op andere gebieden stellen. Zou het je verbazen te weten dat ik duidelijk omschreven doelen heb ten opzichte van de gemoedsrust die ik verlang, de energie die ik iedere dag opbreng en de liefde die ik voel voor al degenen om me heen? Je een doel stellen is niet alleen voor topadvocaten zoals jij, die in een wereld vol materiële verleiding leven. Iedereen die de kwaliteit wil verhogen van zowel zijn innerlijke als zijn uiterlijke wereld, zou er goed aan doen een papier te nemen en zijn levensdoelen te formuleren. Als dat gebeurd is, komen er natuurlijke krachten vrij die deze dromen tot werkelijkheid zullen brengen.'

Wat ik hoorde boeide me uitermate. Toen ik tijdens mijn studietijd voetbalde, zou ons elftal het niet wagen het voetbalveld op te komen zonder een duidelijk plan dat ons naar de overwinning zou voeren. Ik vroeg me af waarom ik, met het ouder worden, nooit de tijd had genomen om een strategie voor mijn leven te bedenken. Misschien bedoelden Julian en Yogi Raman dat ook.

'Waarom is het zo bijzonder je doelen op te schrijven? Hoe kan zoiets simpels zo'n verschil uitmaken?' vroeg ik.

Julian leek verrukt. 'Je belangstelling inspireert me, John. Enthousiasme is een van de belangrijkste ingrediënten voor een succesvol leven, en ik ben blij te zien dat je dat nog steeds in je hebt. Ik heb je al eerder verteld dat er per dag gemiddeld zo'n 60.000 gedachten door elk van ons heen gaan. Door je doel op een vel papier te schrijven, stuur je een rode vlag naar je onderbewustzijn die aangeeft dat deze gedachte veel belangrijker is dan de resterende 59.999. Je geest gaat dan iedere kans na om je eindbestemming te bereiken, als een gericht projectiel. Het is echt een zeer wetenschappelijk proces. De meesten van ons zijn zich daar eenvoudigweg niet van bewust.'

'Sommige collega's van me zijn zeer doelbewust bezig. Nu ik eraan denk, zijn dat in financieel opzicht de meest succesvolle mensen die ik ken. Maar ik geloof niet dat het de meest evenwichtige mensen zijn,' constateerde ik.

'Misschien stellen ze niet de juiste doelen. Weet je John, het leven geeft je zo ongeveer waar je om vraagt. De meeste mensen willen zich beter voelen, willen meer energie of meer voldoening in hun leven. Maar als je hun vraagt precies te omschrijven wat ze willen, hebben ze geen antwoord. Je verandert je leven op het moment dat je je doelen stelt en je probeert je dharma te ontdekken,' zei Julian, met ogen die schitterden bij de waarachtigheid van zijn woorden.

'Heb je nooit iemand ontmoet met een vreemde naam, en daarna die naam overal zien verschijnen: in kranten, op televisie of op kantoor? Of ben je weleens geïnteresseerd geraakt in iets nieuws, laten we zeggen vissen met een kunstvlieg, en dat je daarna nergens kon komen of ze hadden het over de wonderen van het vliegvissen? Dit is maar één voorbeeld van het eeuwenoude principe dat yogi Raman *joriki* noemde, dat zoiets betekent als "concentratie". Concentreer je totale geestelijke energie op de zoektocht naar jezelf. Zoek uit waar je in uitblinkt en wat je gelukkig maakt. Misschien werk je als jurist, maar ben je eigenlijk voorbestemd om leraar te worden, omdat je zoveel geduld hebt en anderen graag iets leert. Misschien ben je een gefrustreerd schilder of beeldhouwer. Wat je ook bent, zoek uit wat je bezielt en streef dat na.'

'Nu ik er goed over nadenk, het zou triest zijn om het eind van mijn leven te bereiken zonder het besef dat ik een of ander bijzonder talent bezat dat tot ontwaken had kunnen komen en anderen had kunnen dienen – al was het maar op kleine schaal.'

'Precies. Dus vanaf dit moment moet je je terdege bewust zijn van je levensdoel. Zet je geest open voor de overvloed aan mogelijkheden. Leef met meer inzet. De menselijke geest is 's werelds grootste filter. Mits goed gebruikt, filtert hij uit wat je onbelangrijk vindt en geeft hij alleen informatie door waar je op dat moment naar op zoek bent. Op dit moment, hier in jouw woonkamer, gebeuren er honderden, zo niet duizenden dingen waar we geen aandacht aan besteden. Je hoort het geluid van verliefde stelletjes buiten, de goudvissen in de bak achter je, de koele luchtstroom uit de airconditioner, zelfs mijn eigen hartenklop. Op het moment dat ik besluit me op mijn hart te concentreren, merk ik het ritme op en de manier waarop het klopt. Evenzo zal jouw geest, wanneer je je gaat concentreren op je levensdoelen, de onbelangrijke dingen uitfilteren en zich alleen richten op wat echt telt.'

'Om je de waarheid te zeggen, ik denk dat het zo ongeveer tijd wordt dat ik mijn doel ga ontdekken,' zei ik. 'Begrijp me niet verkeerd, er gebeurt van alles in mijn leven. Maar het is niet zo waardevol als het volgens mij zou kunnen zijn. Als ik deze wereld nu zou verlaten, kan ik echt niet zeggen dat mijn bestaan er veel toe heeft gedaan.'

'En hoe voel je je daarbij?'

'Neerslachtig,' erkende ik in alle eerlijkheid. 'Ik weet dat ik talenten heb. Eerlijk gezegd was ik zelfs een verdomd goed schilder toen ik jong was. Althans tot het moment dat Vrouwe Justitia me lokte met haar beloften op een stabieler leven.'

'Wens je nog weleens dat je van schilderen je beroep had gemaakt?'

'Ik heb er eigenlijk niet veel meer over nagedacht. Maar ik zal je één ding zeggen. Als ik zat te schilderen waande ik me in de hemel.'

'Het deed je dus echt iets?'

'Zeker. Ik verloor ieder besef van tijd wanneer ik zat te schilderen. Ik kon me helemaal in het doek verliezen. Het was echt vrijheid voor me. Het was bijna alsof ik in een andere dimensie dan tijd terechtkwam.'

'John, dat is nu de kracht van concentratie op iets wat je bezielt. Goethe heeft gezegd: "We worden gevormd en gemodelleerd door dat wat ons lief is." Misschien is het jouw dharma om de wereld op te fleuren met mooie schilderijen. Begin in elk geval iedere dag weer wat te schilderen.'

'Wat dacht je ervan deze filosofie toe te passen op minder esoterische dingen dan mijn leven te veranderen?' vroeg ik met een grijns.

'Dat kan,' antwoordde Julian. 'Zoals wat?'

'Stel dat een van mijn doelen, althans een van de kleinere, is om die zwemband rond mijn middel kwijt te raken. Waar moet ik dan beginnen?'

'Schaam je niet. Je leert het doelen stellen – en het bereiken van die doelen – door klein te beginnen.'

'De kilometerslange reis begint met een enkele stap?' vroeg ik intuïtief.

'Precies. En door je te bekwamen deze kleinigheden te bereiken, bereid je je voor op de grote zaken. Dus om je vraag te beantwoorden: er is niets mis mee om een heel scala aan kleinere doelen aan te geven naast het uitzetten van je grotere doelen.'

Julian vertelde me dat de Wijzen van Sivana een vijfstappenmethode hadden ontwikkeld om doelen te bereiken en hun levensdoel te volbrengen. Het was eenvoudig, praktisch en effectief. Bij de eerste stap stelde men zich het gewenste resultaat duidelijk voor. Als dit gewichtsverlies was, moest ik volgens Julian iedere ochtend bij het wakker worden mezelf voorstellen als een slank, fit persoon, vol levenslust en met een grenzeloze energie. Hoe duidelijker dit beeld was, hoe effectiever het proces zou verlopen. Hij zei dat de geest de ultieme energieleverancier was en deze manier van visualisatie de poorten zou openen naar verwezenlijking van dit verlangen. Stap twee was enige positieve druk op mezelf uitoefenen.

'De voornaamste redenen waarom mensen zich niet aan hun voornemens houden, is dat het te gemakkelijk is om weer in oude gewoonten te vervallen. Druk is niet altijd verkeerd. Een bepaalde hoeveelheid druk kan je helpen geweldige doelen te bereiken. Mensen zijn tot de schitterendste dingen in staat wanneer ze met de rug tegen de muur staan en ze de bron van hun capaciteiten wel moeten aanboren.'

'Hoe kan ik deze "positieve druk" op mezelf uitoefenen?' vroeg ik, terwijl ik nadacht over de mogelijkheden om deze methode toe te passen op allerlei dingen – van vroeger opstaan tot een geduldiger en liefhebbender vader worden.

'Er zijn talloze manieren om dat te doen. Een van de beste is de openbaarheid zoeken. Zeg tegen iedereen dat je je overtollig gewicht kwijt wilt, of een boek wilt schrijven of wat je doel ook mag zijn. Wanneer je je doel eenmaal publiekelijk bekend hebt gemaakt, zal er onmiddellijk druk op je worden uitgeoefend om het te verwezenlijken, aangezien niemand graag voor een mislukkeling wil doorgaan. In Sivana gebruikten mijn leermeesters drastischer middelen om deze positieve druk uit te oefenen. Ze beloofden elkaar dat als ze zich niet aan hun voornemen zouden houden – bijvoorbeeld een week lang vasten of iedere ochtend om vier uur opstaan om te mediteren – ze naar de ijskoude waterval zouden gaan om daaronder te gaan staan tot hun armen en benen gevoelloos waren. Dit is een extreem voorbeeld van de invloed die druk kan uitoefenen om goede gewoonten te ontwikkelen en doelen te bereiken.'

'Extreem lijkt me nog zacht uitgedrukt, Julian. Wat een bizar ritueel!'

'Maar wel extreem doeltreffend. Het gaat er gewoon om dat wanneer je je geest traint om plezier met goede gewoonten te associëren en straf met slechte, je zwakheden snel verdwijnen.'

'Je zei dat er vijf stappen waren om mijn verlangens te verwezenlijken,' zei ik ongeduldig. 'Wat zijn die andere drie?'

'Stap een is je een voorstelling maken van het resultaat. Stap twee is positieve druk creëren om je te blijven motiveren. De derde stap is eenvoudig: stel nooit een doel zonder er een tijdslimiet aan te verbinden. Om een doel levensvatbaarheid te geven, moet je het eind van tevoren bepalen. Het is net als bij het voorbereiden van een rechtszaak; je richt je altijd op degenen die de volgende dag worden opgeroepen en niet op de mensen van wie je nog niet weet wanneer ze voorkomen.

O ja, en trouwens,' verklaarde Julian, 'bedenk dat een doel dat niet op papier is vastgelegd, geen doel is. Schaf een dagboek aan – een goedkoop kladblok is al goed. Noem dit je Dromenboek en schrijf er al je wensen, doelen en dromen in op. Leer jezelf en alles wat je bent kennen.'

'Ken ik mezelf dan nog niet?'

'De meeste mensen kennen zichzelf niet. Ze hebben nooit de tijd genomen hun sterke punten, hun zwakheden, hun verwachtingen en hun dromen te leren kennen. De Chinezen gebruiken hiervoor het volgende beeld: er zijn drie spiegels waarin iemands beeld wordt gereflecteerd: de eerste is hoe je jezelf ziet, de tweede hoe anderen je zien en de derde spiegel reflecteert de waarheid. Leer jezelf kennen, John. Leer de waarheid kennen.

Verdeel je Dromenboek onder in aparte delen voor doelen die op de verschillende aspecten van je leven betrekking hebben. Bijvoorbeeld een deel voor je lichamelijke conditie, je financiële doelen, je persoonlijke beheersing, je relationele en sociale doelen en, misschien wel het belangrijkst, je spirituele doelen.'

'Dat klinkt leuk! Ik heb er nooit over gedacht om zoiets creatiefs voor mezelf te doen. Ik moet echt wat meer initiatieven nemen,' zei ik.

'Daar ben ik het mee eens. Een andere bijzonder effectieve techniek die ik heb geleerd, is je Dromenboek volplakken met afbeeldingen van de dingen die je graag wilt en van mensen die de vermogens, talenten en eigenschappen hebben gecultiveerd die jij ook hoopt te krijgen. Dus terugkomend op jouw "zwembandje", als je gewicht kwijt wilt en fysiek in vorm wilt komen, plak dan een foto van een marathonloper of een goed atleet in je Dromenboek. Als je de beste echtgenoot van de wereld wilt worden, kun je een foto uitknippen van iemand die dit beeld voor je vertegenwoordigt – misschien je vader – en die in het relatiegedeelte van je Dromenboek plakken. Als je droomt van een villa aan zee of een sportwagen, zoek hiervan dan een inspirerende foto en plak die in je Dromenboek. Kijk dit boek iedere dag in, al is het maar een paar minuten. Zorg dat het een vriend van je wordt. Het resultaat zal je verbijsteren.'

'Dat is een heel nieuwe gedachte, Julian. Ik bedoel, ook al bestaan die ideeën al eeuwenlang, iedereen die ik vandaag de dag ken, zou de kwaliteit van zijn dagelijks leven kunnen verhogen door ze toe te passen, al zijn het er maar een paar. Mijn vrouw zou graag zo'n Dromenboek aanleggen. Ze zou het waarschijnlijk volplakken met foto's van mij zonder die buik van me.'

'Zo enorm is-ie nou ook weer niet,' zei Julian sussend.

'Waarom noemt Jenny me dan meneer Donut?' zei ik, en grijnsde breeduit.

Julian schoot in de lach. Ik moest wel meelachen. Even later lagen we op de vloer te schateren.

'Ach ja, als je niet om jezelf kunt lachen, wie kan het dan wel?' vroeg ik, nog nagrinnikend.

'Zo is het maar net. Toen ik nog vastgeketend zat in mijn oude levensstijl, was een van mijn grootste problemen dat ik het leven te serieus nam. Nu ben ik veel luchtiger, kinderlijker. Ik geniet van alles wat het leven te bieden heeft, hoe klein het ook is.

Maar nu dwaal ik af. Ik heb zoveel te vertellen, en het ontglipt me ineens allemaal. Terug naar de vijfstappenmethode om je doelen te ontdekken en te verwezenlijken. Als je eenmaal een duidelijk beeld hebt van het gewenste resultaat, er wat druk achter hebt gezet, een tijdslimiet hebt gesteld en alles op papier hebt gezet, is de volgende stap wat yogi Raman de Magische Regel van 21 noemde. De geleerde mannen en vrouwen uit zijn wereld meenden dat, om nieuw gedrag te internaliseren, de nieuwe handeling eenentwintig dagen achter elkaar moest worden uitgevoerd.'

'Wat is er zo bijzonder aan eenentwintig dagen?'

'De Wijzen waren absoluut meesters in het creëren van nieuwe, voldoening schenkende gewoonten die hun gedrag in het leven bepaalden. Yogi Raman heeft me eens verteld dat een slechte gewoonte niet gemakkelijk weer uit te bannen is.'

'Maar de hele avond heb je me gezegd dat ik de manier waarop ik leef, kan veranderen. Hoe moet dat dan als ik niet van die oude gewoonten af kom?'

'Ik zei dat slechte gewoonten niet kunnen worden uitgebannen. Ik heb niet gezegd dat slechte gewoonten niet kunnen worden vervangen,' verklaarde Julian zich nader.

'Ach ja, Julian, jij bent altijd al koning van de semantiek geweest. Maar ik begrijp wat je bedoelt.'

'De enige manier om een nieuwe gewoonte voorgoed te internaliseren is om er zoveel energie aan te geven dat de oude gewoonte wegvlucht als een ongenode gast. Dat internaliseren is in het algemeen voltooid na zo'n eenentwintig dagen.'

'Stel dat ik de techniek van het Hart van de Roos wil gaan uitvoeren om af te rekenen met mijn bezorgdheid en in een wat rustiger tempo te leven. Moet ik dat dan iedere dag op hetzelfde tijdstip doen?'

'Een goede vraag. Ten eerste wil ik je zeggen dat je nooit iets moet doen. Alles wat ik je vanavond vertel, vertel ik je als een vriend die oprecht belangstelling heeft voor jouw groei en ontwikkeling. Iedere strategie, ieder hulpmiddel en iedere techniek is uitgeprobeerd op zijn effectiviteit en meetbaar resultaat. Dat verzeker ik je. En hoewel ik je vanuit het diepst van mijn hart wil vragen alle methoden van de Wijzen uit te proberen, zegt mijn geweten me dat het mijn plicht is je de wijsheden over te brengen maar de toepassing ervan aan jou over te laten. Het gaat me hierom: doe nooit iets omdat het moet. De enige reden om iets te doen is omdat je het wilt en omdat je weet dat het het juiste voor je is.'

'Dat klinkt redelijk, Julian. Maak je geen zorgen, ik heb nog geen moment het idee gehad dat je me iets door de strot wilde duwen. Trouwens, het enige wat me momenteel door de strot geduwd zou kunnen worden, zou een doos donuts zijn – en dat zou niet veel tijd kosten,' schimpte ik.

Julian glimlachte even. 'Om op je vraag terug te komen, ik raad je aan de methode van het Hart van de Roos dagelijks op hetzelfde tijdstip en op dezelfde plaats uit te voeren. Rituelen hebben enorm veel invloed. Topsporters die altijd hetzelfde eten of hun schoenen op een bepaalde manier dichtmaken voor een belangrijke wedstrijd, doen een beroep op de macht van het ritueel. Leden van een kerk die dezelfde riten uitvoeren en dezelfde kleding dragen, gebruiken de macht van het ritueel. Zelfs zakenlieden die steeds dezelfde route kiezen of dezelfde dingen zeggen voor een belangrijke presentatie passen de macht van het ritueel toe. Je ziet, wanneer je een handeling dagelijks vergezeld laat gaan van een bepaalde manier van doen, wordt dat al snel een gewoonte.

Bijvoorbeeld, de meeste mensen doen hetzelfde na het wakker worden zonder erbij na te denken wat ze doen. Ze doen hun ogen open, stappen uit bed, lopen naar de badkamer en gaan hun tanden poetsen. Dus als je eenentwintig dagen lang een bepaald doel nastreeft, en de nieuwe handeling op elk van die dagen op hetzelfde tijdstip uitvoert, wordt dit automatisch een routine. Al gauw zul je die nieuwe gewoonte, of dat nu mediteren, vroeg opstaan of iedere dag een uur lezen is, met hetzelfde gemak uitvoeren als waarmee je je tanden poetst.'

'De laatste stap om steeds dichter bij je doel te komen?'

'De laatste stap van de methoden der Wijzen is er een die in elke fase op je levensweg even bruikbaar is.'

'Mijn beker is nog steeds leeg,' zei ik eerbiedig.

'Geniet van het proces. De Wijzen van Sivana spraken vaak over deze denkwijze. Ze geloofden werkelijk dat een dag zonder lach of een dag zonder liefde een dag zonder leven was.'

'Ik weet niet zeker of ik je wel begrijp.'

'Ik wil alleen zeggen: zorg dat je er plezier in houdt terwijl je de weg naar je doel bewandelt. Vergeet nooit hoe belangrijk het is om met onbeteugelde vreugde te leven. Houd oog voor de schoonheid in alles wat leeft. Vandaag, dit moment dat jij en ik hier samen zijn, is een geschenk. Blijf bezield, vreugdevol en geïnteresseerd. Blijf gericht op je levenswerk en op het onbaatzuchtig dienen van anderen. Het universum zal voor al het andere zorgen. Dit is een van de sterkste natuurwetten.'

'En zonder spijt over wat er in het verleden is gebeurd?'

'Precies. Er is geen chaos in het universum. Er is een doel voor alles wat er met jou is gebeurd, en alles wat er met je zal gebeuren. Onthoud wat ik je verteld heb, John. Iedere ervaring leert je iets. Dus maak kleine dingen niet groter dan ze zijn. Geniet van het leven.'

'En dat is alles?'

'Ik heb nog meer wijsheden in petto. Ben je moe?'

'Niet in het minst. Eerlijk gezegd voel ik me behoorlijk energiek. Je bent een geweldig motivator, Julian. Heb je er nooit over gedacht om marktkoopman te worden?' vroeg ik plagerig.

'Ik begrijp je niet,' zei hij vriendelijk.

'Laat maar. Een van mijn flauwe pogingen om grappig te zijn.'

'Goed, voordat we verdergaan met de fabel van yogi Raman, is er nog een laatste punt over de verwezenlijking van je doelen en je dromen waar ik het nog met je over wil hebben.'

'Begin maar.'

'Er is een woord dat de Wijzen bijna eerbiedig gebruiken.'

'Vertel.'

'Dit eenvoudige woord leek een diepe betekenis voor hen te hebben en doorspekte hun dagelijkse gesprekken. Het woord waar ik het over heb is bezieling, en het is een woord dat je voortdurend in gedachten moet houden wanneer je probeert je doelen te verwezenlijken. Een diepe bezieling is de beste brandstof voor je dromen. Hier, in onze maatschappij, hebben we die bezieling verloren. We doen geen dingen omdat we ze graag doen. We doen dingen omdat we het gevoel hebben dat we ze moeten doen. Dat is een formule voor ongeluk. En ik heb het niet over romantische bezieling of hartstocht, hoewel dat ook een aspect is voor een succesvol geïnspireerd bestaan. Wat ik bedoel is levensbezieling. Voel weer iedere ochtend de vreugde bij het ontwaken, vol energie en levenslust. Adem het vuur van de hartstocht in alles wat je doet. Dan zul je al gauw materiële, en ook spirituele beloningen ontvangen.'

'Zoals jij het zegt klinkt het heel gemakkelijk.'

'Dat is het ook. Neem vanaf vanavond het leven in je eigen hand. Bepaal voor eens en altijd dat jij de meester bent van je bestemming. Bepaal zelf wat er gebeurt. Zoek uit wat je roeping is en je zult de extase van een geïnspireerd leven ervaren. En onthoud, ten slotte, altijd dat wat er achter je ligt en wat er voor je ligt, niets is vergeleken bij wat er in je ligt.'

'Dank je, Julian. Dat had ik echt nodig. Ik heb tot vanavond niet eerder beseft dat ik dat allemaal in mijn leven miste. Ik heb doelloos rondgezworven, zonder een werkelijk doel voor ogen te hebben. Maar daar gaat verandering in komen, dat beloof ik je. Ik ben je heel dankbaar.'

'Graag gedaan, mijn vriend. Ik verwezenlijk simpelweg mijn doel.'

Hoofdstuk 8 ✧ Samenvatting
JULIANS WIJSHEID IN EEN NOTENDOP

HET SYMBOOL	
DE DEUGD	Volg je doel
DE WIJSHEID	✧ Het doel van het leven is een doelbewust leven ✧ Je levensdoel ontdekken en het realiseren, schenkt blijvende voldoening ✧ Stel duidelijke persoonlijke, zakelijke en spirituele doelen, en heb de moed daarnaar te handelen
DE TECHNIEKEN	✧ De macht van het zelfonderzoek ✧ De vijfstappenmethode om je doel te bereiken
OM TE ONTHOUDEN	*Vergeet nooit hoe belangrijk het is om onbeteugeld vreugdevol te leven.* *Houd altijd oog voor de bijzondere schoonheid in alles wat leeft.* *Vandaag, dit moment, is een geschenk.* *Blijf gericht op je doel. Het universum zorgt voor al het andere.*

Hoofdstuk 9

De eeuwenoude kunst van het zelfmeesterschap

Goede mensen zijn altijd bezig nog sterker te worden.
Confucius

'De tijd vliegt,' zei Julian terwijl hij nog een kop thee inschonk. 'Een nieuwe dag breekt straks weer aan. Wil je dat ik doorga of heb je genoeg gehoord voor vannacht?'

Het was ondenkbaar dat ik deze man, die zulke juwelen van wijsheid bezat, zou laten vertrekken voordat hij zijn verhaal had afgemaakt. In het begin leek het een fantastisch sprookje. Maar terwijl ik naar hem luisterde, terwijl ik de tijdloze filosofie die hem was geschonken in me opnam, raakte ik diep overtuigd van wat hij zei. Dit waren niet de oppervlakkige, wervende praatjes die men uit eigenbelang hield. Julian was oprecht. Hij wist waarover hij praatte. En wat hij vertelde klonk waarachtig. Ik vertrouwde hem.

'Ga alsjeblieft door, Julian, ik heb alle tijd van de wereld. De kinderen slapen vanavond bij hun grootouders, en Jenny staat voorlopig nog niet op.'

Toen hij merkte dat ik het oprecht meende, vervolgde hij het symbolische verhaal dat yogi Raman hem had verteld om zijn wijze ideeën voor een rijker, stralender leven te illustreren.

'Ik heb je verteld dat de tuin de vruchtbare grond van je geest vertegenwoordigt, een tuin vol prachtige schatten en grenzeloze rijkdommen. Ik heb het ook over de vuurtoren gehad en hoe die de kracht van je doelen en het belang van het ontdekken van je roeping in het leven vertegenwoordigt. Je weet nog wel dat later in het verhaal de deur van de vuurtoren langzaam opengaat en er een Japanse sumoworstelaar van twee meter zeventig en vierhonderdvijftig kilo uit komt.'

'Het klinkt als een B-film over een of ander monster.'

'Als kind was ik daar dol op.'

'Ik ook. Maar laat me je niet afleiden.'

'De sumoworstelaar vertegenwoordigt een heel belangrijk element in het levensveranderende systeem van de Wijzen van Sivana. Yogi Raman heeft me verteld dat vele eeuwen geleden de grote leermeesters in het Oosten een filosofie ontwikkelden en verfijnden die men *kaizen* noemde. Dit Japanse woord betekent "voortdurende en nimmer eindigende vooruitgang". En het is het persoonlijk handelsmerk van iedere man en vrouw die een volledig bewust bestaan leidt.'

'En hoe kon deze kaizen het leven van de Wijzen verrijken?' vroeg ik.

'Zoals ik al eerder vertelde, begint succes vanbuiten met succes vanbinnen. Als je werkelijk vooruit wilt komen in de wereld, of dit nu op het gebied van je gezondheid, je relaties of je financiële positie is, moet je eerst iets aan je innerlijke wereld doen. De meest effective manier om dit te doen is door voortdurend aan jezelf te werken. Het zelfmeesterschap is het DNA van het levensmeesterschap.'

'Julian, ik hoop dat je het me niet kwalijk neemt, maar dat gepraat over "innerlijke wereld" klinkt me een beetje zweverig in de oren. Alles wat je me tot zover hebt verteld, kwam me zinnig voor. Het is zelfs zo dat veel van wat je me hebt verteld bij me overkomt alsof het gebaseerd is op gezond verstand, hoewel ik weet dat gezond verstand vandaag de dag helemaal niet zo veel voorkomt. Maar ik moet je wel zeggen dat ik wat moeite heb met dat idee van kaizen en werken aan mijn innerlijke wereld. Waar hebben we het nu precies over?'

Julians reactie volgde direct. 'In onze maatschappij plakken we de onwetende maar al te vaak het etiket van zwakkeling op. Maar degenen die voor hun gebrek aan kennis uitkomen en vragen stellen, vinden de weg der verlichting vóór ieder ander. Je vragen zijn eerlijk en zeggen me dat je openstaat voor nieuwe ideeën. Verandering is de grootste kracht in de maatschappij van vandaag. De meeste mensen zijn er bang voor, de Wijzen prijzen het. De zentraditie spreekt van een beginnersmentaliteit: zij die zich openstellen voor nieuwe ideeën – van wie de bekers leeg zijn – zullen altijd een hoger niveau van prestatie en vervulling bereiken. Geneer je nooit om zelfs de meest voor de hand liggende vragen te stellen. Vragen zijn het meest effectieve middel om kennis te vergaren.'

'Bedankt. Maar ik heb nog geen duidelijkheid over kaizen.'

'Wanneer ik het over het werken aan je innerlijke wereld heb, bedoel ik simpelweg werken aan je persoonlijke ontplooiing, en dat is het beste wat je voor jezelf kunt doen. Misschien denk je dat je het te druk hebt om tijd aan jezelf te besteden. Dat zou een grove vergissing zijn. Zie je, wanneer je tijd hebt uitgetrokken om een standvastig karakter te ontwikkelen, met discipline, energie, kracht en optimisme, kun je in de wereld buiten je alles krijgen, en er alles doen wat je wilt. Wanneer je een diep gevoel van vertrouwen in je capaciteiten hebt ontwikkeld en over een onbedwingbare energie beschikt, kan niets je het succes onthouden bij alles wat je wilt, en kun je grote beloningen tegemoet zien. Door de tijd te nemen om je geest te leren beheersen, voor je lichaam en je ziel te zorgen, krijg je de gelegenheid een rijker en energieker leven te leiden. Zoals Epictetus al zovele jaren geleden zei: "Geen mens is vrij die zichzelf niet meester is."'

'Dus kaizen is eigenlijk een heel praktisch gegeven.'

'Zeker. Denk er eens over na, John. Hoe zou iemand een bedrijf kunnen leiden als hij niet eens zichzelf onder controle heeft? Hoe zou iemand een gezin te eten kunnen geven als hij niet heeft geleerd om voor zichzelf te zorgen? Hoe kun je goed doen als je niet goed in je vel zit? Begrijp je wat ik bedoel?'

Ik knikte instemmend. Dit was voor het eerst dat ik serieus nadacht over het belang iets aan jezelf te verbeteren. Ik had altijd gedacht dat al die mensen die ik in de metro met boeken zag met titels als *De kracht van positief denken* of *Leef groots!* wanhopige schepsels waren, op zoek naar een of ander middel om hen weer op het juiste spoor te krijgen. Nu begreep ik dat degenen die de tijd namen om iets voor zichzelf te doen, het sterkste waren en dat je alleen door aan jezelf te werken iets voor anderen kon doen. Ik begon daarna te denken aan alles wat ik beter zou kunnen aanpakken. Ik kon echt wel de extra energie en goede gezondheid gebruiken die ik door middel van die oefeningen zou krijgen. En als ik van mijn rotbuien en mijn gewoonte om anderen in de rede te vallen af zou komen, zou dat mijn relatie met mijn vrouw en kinderen zeker ten goede komen. En als ik mijn bezorgdheid achter me kon laten, zou me dat rust en het diepe geluk schenken waarnaar ik op zoek was geweest. Hoe langer ik erover nadacht, hoe meer ik zag waarin ik mezelf kon verbeteren.

Toen ik al die positieve dingen zag die mijn leven zouden binnenstromen als ik goede gewoonten zou gaan ontwikkelen, werd ik helemaal opgetogen. Maar ik besefte dat Julian het over veel meer had dan het belang van dagelijks oefenen, gezonde eetgewoonten en een evenwichtige levensstijl. Wat hij in de Himalaya had geleerd ging veel verder en had meer te betekenen dan dit. Hij had het over je karakter sterken, geestelijke kracht ontwikkelen en meer moed betonen. Hij vertelde me dat deze drie dingen niet alleen tot een deugdzaam leven, maar ook tot een leven vol prestaties, voldoening en innerlijke vrede zouden leiden. Moed was een eigenschap die iedereen kon ontwikkelen en die op de lange duur enorm veel vruchten kon afwerpen.

'Wat heeft moed te maken met zelfmeesterschap en persoonlijke ontwikkeling?' vroeg ik me hardop af.

'Moed geeft je de kans je eigen leven te leiden. Moed geeft je de kans te doen wat je wilt, omdat je weet dat het goed is. Moed geeft je de controle over jezelf om te volharden waar anderen het hebben laten afweten. En ten slotte bepaalt de mate van moed die je hebt de hoeveelheid voldoening die je ontvangt. Het geeft je de kans om je werkelijk bewust te worden van alle wonderlijke gebeurtenissen in het avontuur van je leven. En wie zichzelf onder controle heeft, heeft moed in overvloed.'

'Goed, ik begin in te zien hoe krachtig het effect is van werken aan jezelf. Waar moet ik beginnen?'

Julian nam de draad weer op van het gesprek dat hij op die opmerkelijk mooie nacht, vol sterren aan de hemel met yogi Raman had gevoerd.

'In het begin had ook ik moeite met het begrip "aan jezelf werken". Per slot van rekening was ik een door de wol geverfde rechtsheld die geen tijd had voor new-agetheorieën die me werden opgedrongen door mensen met in mijn ogen een slechte haarcoupe. Ik had het mis. Juist door die benepen instelling had mijn leven al die jaren op zo'n laag pitje gebrand. Hoe langer ik naar yogi Raman luisterde en hoe meer ik nadacht over de pijn en de misère van mijn vroegere bestaan, hoe meer de filosofie van kaizen, die voortdurende en nimmer eindigende verrijking van geest, lichaam en ziel, me aansprak,' zei Julian overtuigd.

'Waarom hoor ik de laatste tijd zoveel over "geest, lichaam en ziel"? Ik kan de tv niet aanzetten of ik hoor er iemand over praten.'

'Het is de trilogie van de menselijke gaven. Aan je geest werken zonder aan je fysieke vermogens te denken, zou maar een leeg soort overwinning opleveren. En je geest en lichaam tot het hoogste niveau verheffen zonder je ziel voeding te geven, zou je een leeg en onvervuld gevoel geven. Maar wanneer je je energie aan de ontplooiing van het volledig potentieel van alledrie je menselijke gaven wijdt, zul je de goddelijke extase van een verlicht leven genieten.'

'Nou, zoals jij het zegt, klinkt het heel boeiend.'

'En wat betreft het punt waar je moet beginnen, ik beloof je dat ik je zo meteen een aantal oude maar doeltreffende technieken zal leren. Maar eerst wil ik je iets praktisch laten zien. Ga eens in de push-uphouding liggen.'

Ja hoor, Julian is conditietrainer geworden, dacht ik. Maar uit nieuwsgierigheid deed ik wat hij zei.

'En nu doe je zoveel mogelijk push-ups. Je mag niet ophouden tot je er echt zeker van bent dat je niet meer kunt.'

Ik spande me uit alle macht in, met mijn lichaam van ruim honderd kilo dat niet veel meer gewend was dan een wandeling met de kinderen naar de dichtstbijzijnde McDonald's, of een rondje met collega's over de golfbaan. De eerste vijftien push-ups waren een uitputtingsslag. Het was ook nog eens tamelijk benauwd, zodat ik overvloedig transpireerde. Maar ik was vastbesloten geen teken van zwakte te tonen, en zette door tot mijn ijdelheid het af liet weten, tegelijk met mijn armen. Na drieëntwintig push-ups gaf ik het op.

'Ik stop, Julian. Dit overleef ik niet. Wat probeer je nu eigenlijk duidelijk te maken?'

'Weet je zeker dat je niet meer kunt?'

'Heel zeker. Kom op, zeg. Het enige wat ik straks nog leer is hoe ik een hartaanval moet krijgen.'

'Doe er nog tien. Daarna kun je uitrusten,' droeg Julian me op.

'Je bent gek!'

Maar ik ging door. Een. Twee. Vijf. Acht. En ten slotte tien. Ik lag volkomen uitgeput op de vloer.

'Ik heb met yogi Raman precies hetzelfde doorgemaakt op de avond dat hij me zijn bijzondere sprookje vertelde,' zei Julian. 'Hij zei dat pijn een geweldige leermeester is.'

'Wat kan iemand dan wel leren uit zo'n ervaring als deze?' vroeg ik, nog buiten adem.

'Yogi Raman, en trouwens alle Wijzen van Sivana, geloofden dat mensen het meest groeiden wanneer ze het Gebied van het Onbekende betraden.'

'Oké. Maar wat heeft dat met push-ups te maken?'

'Jij zei na drieëntwintig push-ups dat je niet meer kon. Je zei dat dit je absolute limiet was. Maar toen ik je uitdaagde om door te gaan, deed je nog eens tien push-ups. Je had dus meer in je en toen je een beroep deed op je reserves, bereikte je meer. Yogi Raman heeft me tijdens mijn leertijd een fundamentele waarheid laten zien: de enige grenzen in je leven zijn de grenzen die je zelf stelt. Wanneer je de moed hebt om uit die veilige wereld te breken en je op onbekend terrein te begeven, dan pas kun je je werkelijk ontplooien. Dit is de eerste stap naar controle over jezelf en over iedere omstandigheid in je leven. Wanneer je je grenzen verlegt, net zoals je zojuist hebt laten zien, doe je een beroep op je geestelijke en lichamelijke reserves waarvan je niet wist dat je ze had.'

Het schoot me te binnen dat ik een tijdje geleden in een boek had gelezen dat de gemiddelde persoon slechts een fractie van zijn capaciteiten gebruikt. Ik vroeg me af waar we toe in staat waren als we ook het andere deel van onze vermogens zouden gaan gebruiken.

Julian merkte dat hij raak had geschoten.

'Je beoefent de kunst van kaizen door jezelf dagelijks verder te brengen. Werk hard aan je geest en je lichaam. Geef je ziel voeding. Doe de dingen waar je bang voor bent. Leef met een onbeteugelde energie en grenzeloos enthousiasme. Kijk naar de opkomende zon. Dans buiten in de regen. Wees de persoon die je altijd hebt willen zijn. Doe de dingen die je altijd hebt willen doen, maar naliet omdat je jezelf voorhield dat je er te jong, te oud, te rijk of te arm voor was. Bereid je voor op een rijk en actief leven. In het Oosten zeggen ze dat geluk een goed voorbereide geest prefereert. Maar volgens mij is het het leven dat een goed voorbereide geest prefereert.'

Julian zette zijn hartstochtelijke betoog voort. 'Probeer te zien wat je tegenhoudt. Ben je bang om in het openbaar te spreken of heb je problemen in relaties? Mis je een positieve levenshouding, of heb je te weinig energie? Maak een lijst van al je zwakheden. Tevreden mensen zijn veel wijzer dan anderen. Neem de tijd om na te denken over wat je af zou kunnen houden van het leven dat je werkelijk wilt en waarvan je diep vanbinnen weet dat je het kunt hebben. Wanneer je eenmaal weet wat je zwakheden zijn, is de volgende stap ze onder ogen te zien en je angsten te lijf te gaan. Als je bang bent om in het openbaar te spreken, geef je dan op voor een cursus. Als je bang bent om een bedrijf op te zetten of om uit een relatie te stappen die je niet gelukkig maakt, raap dan al je moed bijeen en doe het. Dit is misschien wel de eerste vleug vrijheid die je in jaren zult ervaren. Angst is niets meer dan een geestelijk monster dat je zelf hebt gecreëerd, een negatieve bewustzijnsstroom.'

'Angst is niets meer dan een negatieve bewustzijnsstroom? Dat bevalt me wel. Je bedoelt dat al mijn angsten niets meer zijn dan denkbeeldige kleine monsters die door de jaren heen in mijn geest zijn gekropen?'

'Precies, John. Iedere keer dat ze je ervan hebben weerhouden iets te ondernemen, heb je er voeding aan gegeven. Maar wanneer je je angsten overwint, boek je een overwinning op het leven.'

'Geef eens een voorbeeld.'

'Goed. Neem spreken in het openbaar, iets wat de meeste mensen doodeng vinden. Toen ik nog advocaat was, kende ik zelfs juristen die de rechtszaal niet binnen durfden. Ze wilden alles doen, zelfs schikken, als ze maar niet die stampvolle zaal binnen hoefden te gaan.'

'Die lieden ken ik ook.'

'Denk je nou echt dat ze met die angst geboren zijn?'

'Ik mag hopen van niet.'

'Kijk eens naar een baby. Die kent geen grenzen. Zijn geest is een weelderig landschap waarin nog alles mogelijk is. Onder gunstige omstandigheden bereikt hij een hoog niveau. In een negatieve omgeving bereikt hij hoogstens een middelmatig niveau. Waarmee ik wil zeggen: geen enkele ervaring, of het nu spreken in het openbaar is of je baas om opslag vragen of zwemmen op een zonnige dag of langs de zee lopen op een maanverlichte nacht, is op zichzelf moeilijk of prettig. Je eigen manier van denken maakt dat ervan.'

'Interessant.'

'Een baby kun je leren een prachtige, zonnige dag als deprimerend te ervaren. Een kind kan worden geleerd een hond als een gemeen beest te zien. Een volwassene kan worden geleerd een drug als een heerlijk ontspanningsmiddel te beschouwen. Het gaat er maar om hoe je iemand conditioneert, toch?'

'Zeker.'

'Hetzelfde geldt voor angst. Angst is een geconditioneerde reactie: een gewoonte die je je energie, je creativiteit en geesteskracht kost als je niet oppast. Wanneer angst zijn lelijke staart roert, versla hem dan snel. De beste manier is datgene doen waar je bang voor bent. Je moet begrijpen hoe angst in elkaar zit. Het is je eigen creatie. Net als iedere andere creatie, is hij net zo gemakkelijk af te breken als op te bouwen. Zoek systematisch alle angsten die slinks het fort van je geest zijn binnengeslopen, en vernietig ze dan. Alleen hierdoor krijg je de beschikking over een enorm groot zelfvertrouwen, geluk en rust.'

'Zijn er eigenlijk mensen die helemaal geen angsten kennen?' vroeg ik.

'Goeie vraag. Het antwoord is onherroepelijk en nadrukkelijk ja. Alle Wijzen van Sivana waren absoluut onbevreesd. Je kon het zien aan de manier waarop ze liepen. Je kon het zien aan de manier waarop ze spraken. Je kon het zien wanneer je hen diep in de ogen keek, en ik zal je nog meer vertellen, John.'

'Wat?' vroeg ik, uitermate geboeid.

'Ik leef ook zonder angsten. Ik ken mezelf en ik ben gaan inzien dat mijn natuurlijke staat er een is van ontembare kracht en onbeperkte mogelijkheden. Ik was alleen maar geblokkeerd door al die jaren van zelfverwaarlozing en onevenwichtig denken. Ik zal je nog iets vertellen. Wanneer je de angst uit je geest bant, ga je er jonger uitzien en wordt je gezondheid beter.'

'Aha, de oude relatie tussen lichaam en geest,' antwoordde ik, in de hoop mijn onwetendheid te maskeren.

'Ja. De Wijzen van het Oosten weten dat al meer dan vijfduizend jaar. Dat kun je nauwelijks meer "new age" noemen,' zei hij met een brede grijns die zijn gezicht deed stralen.

'De Wijzen hebben me nog zo'n krachtig principe verteld waarover ik vaak nadenk. Ik denk dat het onmisbaar is wanneer je probeert meester over jezelf te worden. Het heeft mij gemotiveerd op momenten dat ik het rustiger aan wilde doen. Deze denkwijze kan ik heel beknopt samenvatten: wat mensen met een hoogontwikkeld bewustzijn onderscheidt van hen die nooit een geïnspireerd leven zullen leiden, is dat ze dingen doen die mensen met een lager bewustzijn niet graag doen – ook al doen zij die misschien ook niet graag.

Werkelijk verlichte mensen, die dagelijks een diep geluk ervaren, zijn bereid om kortetermijnpleziertjes op te geven in ruil voor vervulling op de lange termijn. Dus werken ze aan hun zwakheden en angsten, ook al komen ze daarmee op onbekend terrein, met alle ongemakken van dien. Ze besluiten te leven volgens de wijsheid van kaizen, en aan ieder aspect van henzelf te werken, onophoudelijk en voortdurend. Na verloop van tijd worden dingen die ooit moeilijk waren gemakkelijk. Angsten die hen ooit af hielden van alle geluk, gezondheid en welvaart die ze verdienden, verdwijnen als sneeuw voor de zon.'

'Dus je raadt me aan mezelf te veranderen voor ik mijn leven verander?'

'Ja. Het is als het oude verhaal dat mijn favoriete professor me tijdens mijn studie vertelde. Op een avond lag een vader na een dag hard werken op kantoor languit op de grond de krant te lezen. Zijn zoontje, dat met hem wilde spelen, bleef hem aan zijn hoofd zeuren. Ten slotte had de vader er genoeg van en scheurde hij een afbeelding van de aarde uit de krant in honderd kleine stukjes. "Hier jongen, probeer daar maar weer eens een geheel van te maken," zei hij, in de hoop dat zijn zoontje daar lang genoeg mee bezig zou zijn om hem de krant rustig te laten uitlezen. Tot zijn stomme verbazing kwam het jongetje echter al na een minuut terug, met de afbeelding van de globe weer helemaal in elkaar. Toen de vader hem vroeg hoe hij dit voor elkaar had gekregen, zei het kind lachend: "Nou pa, aan de andere kant van de afbeelding stond een foto, en toen ik die in elkaar had gezet, klopte de wereldbol ook."'

'Wat een geweldig verhaal.'

'Je ziet, John, de meest wijze mannen die ik ooit heb ontmoet, van de Wijzen van Sivana tot de professoren van Harvard, ze lijken allen de sleutel tot het succes te kennen.'

'Ga door,' zei ik.

'Het is zoals ik al eerder zei: geluk is een gevolg van een progressieve realisatie van een waardevol doel. Wanneer je doet wat je echt graag doet, zul je er vergaande tevredenheid uit putten.'

'Als geluk voor iedereen gewoon het gevolg is van doen wat hij graag doet, waarom zijn zoveel mensen dan ongelukkig?'

'Terechte vraag, John. Doen wat je graag doet, of dit nu inhoudt dat je je baan opgeeft om acteur te worden, of minder tijd doorbrengt met de dingen die minder belangrijk zijn in ruil voor dingen die zinvoller zijn, vraagt heel wat moed. Je moet ervoor uit je veilige wereldje stappen. En verandering is in het begin altijd een beetje moeilijk. Het is ook best riskant. Maar het is de meest zekere manier om een vreugdevoller bestaan te realiseren.'

'En hoe precies kun je moed vergaren?'

'Het is net als in het verhaal: als je eenmaal jezelf in de hand hebt, komt het wel goed met je wereld. Als je eenmaal meester bent over je geest, lichaam en karakter, zullen geluk en overvloed op bijna magische wijze je leven binnenstromen. Maar je moet wel dagelijks tijd aan jezelf besteden, al is het maar tien of vijftien minuten.'

'En waarvoor staat die Japanse sumoworstelaar van twee meter zeventig en vierhonderdvijftig kilo symbool in het verhaal van yogi Raman?'

'Onze reusachtige vriend zal je voortdurend herinneren aan de macht van kaizen, het Japanse woord voor voortdurende zelfontplooiing en vooruitgang.'

In slechts enkele uren had Julian me de meest indrukwekkende – en de meest verbazingwekkende – dingen verteld die ik ooit in mijn leven had gehoord. Ik had iets geleerd over de magische kracht van mijn eigen geest en zijn schat aan mogelijkheden. Ik had zeer praktische technieken geleerd om mijn geest tot rust te brengen en zijn kracht op mijn wensen en dromen te richten. Ik had het belang leren zien van een helder levensdoel stellen en van duidelijke doelen aangaande ieder aspect van mijn persoonlijke, spirituele en beroepswereld. En ik had kennisgemaakt met het tijdloze principe om jezelf meester te worden: kaizen.

'Hoe kan ik de kunst van kaizen beoefenen?'

'Ik zal je tien zeer oude, doch uitermate effectieve rituelen leren die je een eind op weg zullen helpen om jezelf meester te worden. Als je ze dagelijks oefent, met vertrouwen in het nut ervan, zul je over een maand al opmerkelijke resultaten zien. Als je ze blijft toepassen, en de technieken in je dagelijkse doen en laten verwerkt, zodat ze een gewoonte worden, zul je beschikken over een perfecte gezondheid, onbeperkte energie, eeuwig geluk en gemoedsrust. Uiteindelijk zul je je goddelijke bestemming bereiken – want dat is je geboorterecht.

Yogi Raman heeft me de tien rituelen verteld met groot vertrouwen in wat hij noemde hun "uitnemende kracht". En ik denk dat je het er wel mee eens zult zijn dat ik het levende bewijs ben van die kracht. Ik vraag je slechts te luisteren naar wat ik te zeggen heb en de resultaten voor jezelf te beoordelen.'

'Diepgaande veranderingen, in maar dertig dagen?'

'Ja. De voorwaarde is dat je er minstens een uur per dag voor uit trekt, dertig dagen achter elkaar. Deze investering in jezelf is alles wat er van je gevraagd wordt. En ga me nu alsjeblieft niet vertellen dat je er geen tijd voor hebt.'

'Maar die heb ik niet,' zei ik oprecht. 'Mijn praktijk groeit enorm. Ik heb nog geen tien minuten voor mezelf, laat staan een heel uur, Julian.'

'Zoals ik je al zei, als je zegt dat je geen tijd hebt om aan jezelf te werken, of dat nu aan je geest of je spirituele leven is, dan is dat hetzelfde als wanneer je zegt dat je geen tijd hebt om benzine te tanken omdat je te druk bezig bent met rijden. Uiteindelijk haalt het je in.'
'Echt?'
'Echt.'
'Hoe dan?'
'Laat ik het zo zeggen. Je kunt jezelf heel goed vergelijken met een geweldige racewagen die miljoenen waard is; een goedgeoliede, zeer geavanceerde machine.'
'Nou, dank je, Julian.'
'Je geest is het grootste wonder van het universum en je lichaam kan dingen presteren waar je versteld van zou kunnen staan.'
'Ja.'
'Zou je, de waarde van deze wagen kennende, het verstandig vinden om hem dag in dag uit te laten rijden zonder hem zo nu en dan rust te gunnen om de motor te laten afkoelen?'
'Natuurlijk niet.'
'Nou, waarom neem jij dan niet iedere dag de tijd voor je rust? Waarom trek je er niet wat tijd voor uit om de hardwerkende motor van je geest rust te gunnen? Begrijp je wat ik bedoel? De tijd nemen om weer op krachten te komen is het belangrijkste wat je kunt doen. Ironisch genoeg zal de tijd die je uit je hectische programma vrijmaakt om aan jezelf te werken een bijzonder goede invloed hebben op je werk als je daar weer aan begint.'
'Een uur per dag, en dat dertig dagen lang, meer niet?'
'Het is de toverformule waarnaar ik altijd heb gezocht. Ik zou er in mijn oude glorietijd waarschijnlijk een paar miljoen voor over hebben gehad als ik het belang ervan had ingezien. Maar wist ik veel dat het gratis te krijgen was, zoals alle onbetaalbare kennis. Je moet dus gedisciplineerd zijn en dagelijks de strategieën toepassen waaruit de formule bestaat, in de volledige overtuiging van de waarde ervan. Dit is bepaald geen snelle methode. Als je er eenmaal aan begint, zit je er voor lange tijd aan vast.'
'Hoe bedoel je?'
'Een uur per dag aan jezelf wijden, zal je na dertig dagen een opzienbarend resultaat opleveren – mits je de juiste dingen doet. Het duurt ongeveer een maand om een nieuwe gewoonte te internaliseren. Na deze periode zullen de strategieën en technieken die je leert

aanvoelen als een tweede huid. Het gaat er alleen om dat je ze elke dag blijft oefenen als je het resultaat wilt laten voortduren.'

'Dat klinkt redelijk,' stemde ik in. Julian had klaarblijkelijk een bron van persoonlijke vitaliteit en innerlijke rust in zijn eigen leven aangeboord. De verandering van een ziekelijke, oude advocaat in een stralend, energiek filosoof leek werkelijk een wonder. Op dat moment besloot ik een uur per dag aan de technieken en principes te wijden die ik nu te horen zou krijgen. Ik besloot aan mezelf te werken voordat ik anderen zou gaan veranderen, zoals mijn gewoonte was geweest. Misschien kon ik ook zo'n 'Mantle-achtige' metamorfose ondergaan. Het was absoluut de moeite van het proberen waard.

Die nacht, op de vloer van mijn rommelige woonkamer, leerde ik wat Julian de Tien Rituelen voor een Stralend Leven noemde. Sommige eisten enige concentratie. Andere konden zonder moeite worden uitgevoerd. Alle waren intrigerend en veelbelovend.

'De eerste strategie was bij de Wijzen bekend als het Ritueel van de Stilte. Hiervoor is niets meer nodig dan zorgen dat je dagelijkse programma een periode van rust inhoudt.'

'Wat is precies een periode van rust?'

'Het is een periode die kan variëren van vijftien tot vijftig minuten, waarin je de helende kracht van de stilte gaat zoeken, om erachter te komen wie je werkelijk bent,' verklaarde Julian.

'Een soort pauze voor die oververhitte motor van mij?' opperde ik met een lachje.

'Dat benadert het heel aardig. Heb je met je gezin weleens een lange tocht gemaakt?'

'Zeker. Iedere zomer rijden we naar de eilanden en brengen we een paar weken bij Jenny's ouders door.'

'Goed. Stop je dan onderweg weleens?'

'Ja. Om wat te eten, of als ik slaperig word – dan doe ik een hazenslaapje nadat ik zes uur lang naar mijn ruziënde kinderen achterin heb geluisterd.'

'Nou, beschouw het Ritueel van de Stilte dan maar als een rustpauze voor de ziel. Het doel is zelfvernieuwing en dat bereik je door tijd alleen door te brengen, onder de wonderschone deken der stilte.'

'Wat is er zo bijzonder aan stilte?'

'Goeie vraag. Alleen zijn in stilte brengt je in verbinding met je creatieve bron en laat de onbegrensde intelligentie van het universum vrij. Weet je John, de geest is als een meer. In onze chaotische wereld kennen de meeste mensen geen stilte in hun geest. We zitten vol innerlijke roerselen. Maar door eenvoudigweg dagelijks de tijd te nemen voor stilte, wordt het meer van de geest even glad als een spiegel. Innerlijke rust heeft een weelde aan zegeningen tot gevolg, onder meer een diep gevoel van welzijn, vredigheid en grenzeloze energie. Je zult zelfs beter slapen en een nieuw gevoel van evenwicht in je dagelijkse activiteiten ervaren.'

'Waar kan ik die stilte zoeken?'

'In theorie overal, van je slaapkamer tot je kantoor. Het gaat erom een plaats te vinden waar echt rust heerst – en schoonheid.'

'Hoezo schoonheid?'

'Schoonheid heeft een kalmerende werking op een roerige ziel,' stelde Julian met een diepe zucht vast. 'Een boeket rozen of een enkele narcis heeft een zeer heilzaam effect op je zintuigen en zorgt voor ontspanning. Idealiter zou je zulke schoonheid in een ruimte moeten proeven die als een Heiligdom van het Zelf dient.'

'Wat is dat?'

'In wezen is dat een plek die jouw geheime plaats wordt om je geestelijk en spiritueel te ontplooien. Dit zou een logeerkamer bij je thuis kunnen zijn, of gewoon een rustig hoekje. Het gaat erom een plekje voor deze activiteiten te reserveren, een plekje dat ergens rustig op je wacht.'

'Dat idee staat me wel aan. Ik denk dat het heel wat verschil voor me zou maken als ik zo'n plekje had als ik van mijn werk thuiskom. Ik zou daar even kunnen acclimatiseren en de spanningen van de dag van me af kunnen gooien. Het zou me vast ook een stuk beminnelijker in de omgang maken.'

'Daar roer je een ander belangrijk punt aan. Het Ritueel van de Stilte werkt het beste wanneer je het iedere dag op hetzelfde tijdstip uitvoert.'

'Waarom?'

'Omdat het dan een vast onderdeel wordt van je dagelijks ritme. Door het iedere dag op dezelfde tijd uit te voeren, wordt je dagelijkse dosis stilte snel een gewoonte die je nooit vergeet. En positieve levensgewoonten brengen je altijd dichter bij je bestemming.'

'Verder nog iets?'

'Ja. Zorg als het even kan, dat je dagelijks in contact komt met de natuur. Een wandelingetje door de bossen, zelfs een paar minuten aan de tomatenplant in je tuin besteden, brengt je weer in contact met de bron van rust die nu wellicht in je sluimert. In de natuur kun je je afstemmen op de oneindige wijsheid van je hoogste zelf. Deze zelfkennis brengt je naar de onbekende dimensies van je persoonlijke kracht. Vergeet dit nooit,' adviseerde Julian met stemverheffing.

'Heeft dit ritueel voor jou een goed effect gehad, Julian?'

'Zeker. Ik sta op met zonsopgang en het eerste wat ik doe is naar mijn geheime heiligdom gaan. Daar kijk ik zo lang mogelijk naar het Hart van de Roos. Op sommige dagen breng ik uren door in stille contemplatie. Andere dagen slechts tien minuten. Het resultaat is min of meer hetzelfde: een diep gevoel van innerlijke harmonie en een overvloed aan lichamelijke energie. Wat me bij het tweede ritueel brengt. Dat is het Ritueel van het Lichamelijke.'

'Klinkt interessant. Hoe gaat dat?'

'Het gaat over de kracht van de zorg voor je lichaam.'

'Hè?'

'Heel eenvoudig. Het Ritueel van het Lichamelijke is gebaseerd op het principe dat zorgen voor je lichaam ook zorgen voor je geest is. Zoals je je lichaam traint, train je ook je geest. Neem iedere dag even de tijd om de tempel van je lichaam te voeden door krachtige oefeningen te doen. Laat je bloed circuleren en je lichaam werken. Wist je dat een week 168 uren heeft?'

'Nee, eigenlijk niet.'

'Het is zo. Ten minste vijf van die uren zou je aan een of andere vorm van lichamelijke inspanning moeten besteden. De Wijzen van Sivana deden aan yoga om hun fysieke vermogens te stimuleren en een sterk, dynamisch bestaan te leiden. Het was heel bijzonder om deze prachtige types, die het hadden klaargespeeld om leeftijdloos te blijven, midden in hun dorpje op hun hoofd te zien staan!'

'Heb jij ook aan yoga gedaan? Jenny is er vorige zomer mee begonnen en zij zegt dat ze daardoor vijf jaar langer leeft.'

'Er is niet één strategie die je leven ineens om kan toveren, John, laat ik je dat eerst zeggen. Een diepgaande, blijvende verandering is het gevolg van het blijven toepassen van een aantal methoden waarover ik je heb verteld. Maar yoga is een bijzonder effectieve manier om je levenskracht aan te spreken. Ik doe iedere ochtend mijn oefeningen en het is een van de beste dingen die ik voor mezelf kan doen. Het is niet alleen verjongend, maar het zorgt ook dat ik me kan concentreren. Het heeft zelfs mijn creativiteit gestimuleerd. Het is een geweldige activiteit.'

'Deden de Wijzen nog meer voor hun lichaam?'

'Yogi Raman en zijn broeders en zusters meenden ook dat flink wandelen in de natuur, of dat nu hoog op de bergpaden of diep in de dichte bossen was, wonderen kon verrichten om vermoeidheid van je af te schudden en het lichaam te herstellen tot zijn natuurlijke, levendige staat. Wanneer het te slecht weer was om te lopen, deden ze oefeningen in hun hut. Een maaltijd sloegen ze nog weleens over; hun dagelijkse oefeningen nooit.'

'Wat stond er in hun hut? Fitnessapparatuur?' grapte ik.

'Niet echt. Soms deden ze yogaoefeningen. Andere keren deden ze push-ups met één hand. Ik denk echt dat het hun niet zoveel uitmaakte wat ze deden, zolang ze hun lichaam maar trainden en frisse lucht door hun longen konden pompen.'

'Wat heeft frisse lucht ermee te maken?'

'Ik zal je vraag beantwoorden met een van de favoriete gezegden van yogi Raman: "Goed ademhalen is goed leven." Vanaf het begin leerden de Wijzen in Sivana me de snelste manier om je energie te vertwee- of verdrievoudigen, namelijk door middel van de juiste manier van ademhalen.'

'Iedereen weet toch hoe hij moet ademen, zelfs een pasgeboren baby.'

'Niet echt, John. De meesten van ons weten wel hoe ze moeten ademen om niet dood te gaan, maar we hebben nooit geleerd om zo te ademen dat we er het meeste profijt van hebben. De meesten van ons ademen te oppervlakkig en krijgen daardoor te weinig zuurstof binnen om het lichaam optimaal te laten functioneren.'

'Dat klinkt alsof er wetenschappelijke kennis aan te pas komt.'

'Dat is ook zo. En de Wijzen handelden daar ook naar. Hun denkwijze was eenvoudig: meer zuurstof door een efficiënte ademhaling maakt je energiereserves vrij, samen met je natuurlijke levenslust.'

'Goed, hoe kan ik daarmee beginnen?'

'Het is eigenlijk heel gemakkelijk. Neem dagelijks twee tot drie keer een paar minuutjes de tijd om dieper en beter te ademen.'

'Hoe weet ik of ik goed ademhaal?'

'Nou kijk, je buik moet enigszins uitzetten. Dit geeft aan dat je vanuit je onderbuik ademt, en dat is goed. Een truc die yogi Raman me leerde, was mijn handen ineen te slaan over mijn buik. Als ze bewogen tijdens mijn ademhaling, wist ik dat mijn techniek goed was.'

'Interessant.'

'Als je dat boeiend vindt, zal het derde Ritueel voor een Stralend Leven je ook wel aanstaan,' zei Julian.

'Wat is dat dan?'

'Het Ritueel van het Levend Voedsel. In de tijd dat ik nog advocaat was, leefde ik steevast op biefstuk, frites en ander slecht voedsel. Ik at dan wel in de beste restaurants van het land, maar ik propte mijn lichaam toch vol rommel. Ik wist dat toen niet, maar dit was een van de voornaamste bronnen van mijn onvrede.'

'Echt waar?'

'Ja. Slechte voeding heeft een diepgaand effect op je leven. Het berooft je van je geestelijke en lichamelijke energie. Het heeft invloed op je stemmingen en het versluiert je geest. Yogi Raman zei het aldus: "Zoals je je lichaam voedt, voed je je geest."'

'En ik neem aan dat je anders bent gaan eten?'

'Radicaal. En daardoor ervoer ik mijn lichamelijke conditie heel anders en ging ik er ook drastisch anders uitzien. Ik dacht altijd dat ik zo neerslachtig was door de stress en de spanningen op mijn werk en omdat de ouderdom me in zijn rimpelige greep kreeg. In Sivana leerde ik echter dat mijn lethargie voornamelijk te wijten was aan het lage octaangehalte van het voedsel dat ik in mijn lichaam pompte.'

'Wat aten de Wijzen van Sivana om er zo jeugdig en fris uit te blijven zien?'

'Levend voedsel,' luidde het afgemeten antwoord.

'Wat?'

'Levend voedsel is het antwoord. Levend voedsel is voedsel dat niet dood is.'

'Kom op, Julian. Wat is levend voedsel?' vroeg ik vol ongeduld.

'In wezen is levend voedsel alles wat ontstaat als gevolg van de wisselwerking tussen zon, lucht, aarde en water. Ik heb het over vegetarisch voedsel. Vul je bord met verse groente, fruit en granen, en je hebt wellicht het eeuwig leven.'

'Alsof dat mogelijk is.'

'De meeste Wijzen waren ver over de honderd en ze vertoonden geen tekenen van verval. Vorige week las ik toevallig in de krant over een groep mensen die op het piepkleine eilandje Okinawa wonen, in de Oost-Chinese Zee. Onderzoekers vliegen op het eiland af omdat ze zo gefascineerd zijn door het feit dat hier de meeste honderdplussers van de hele wereld wonen.'

'En wat hebben ze ontdekt?'

'Dat vegetarisch eten een van hun geheimen is.'

'Maar is dat wel gezond? Je zou niet denken dat het je veel kracht geeft. Vergeet niet dat ik nog een hardwerkende advocaat ben, Julian.'

'Dit is de voeding die de natuur heeft bedoeld. Het is vol levenskracht en uitermate gezond. De Wijzen leven al honderden jaren op die manier. Zij noemen het sattvic, een zuivere voeding. En wat je kracht betreft, de sterkste dieren op aarde, van gorilla's tot olifanten, kunnen op hun vegetarische eetgewoonte bogen. Wist je dat een gorilla ongeveer dertig keer zo sterk is als een mens?'

'Bedankt voor die belangrijke informatie.'

'Luister, de Wijzen zijn niet zo extreem. Al hun wijsheid is gebaseerd op het tijdloze principe van "matig leven, zonder extremiteiten". Dus als je graag vlees eet, kun je dat natuurlijk blijven doen. Bedenk alleen dat je dood voedsel tot je neemt. Als je kunt, eet dan zo min mogelijk rood vlees. Het is moeilijk te verteren en aangezien je spijsvertering een van de meest energievretende processen van je hele lichaam is, worden waardevolle energiereserves hierdoor onnodig aangesproken. Begrijp je wat ik bedoel? Vergelijk maar hoe je je voelt na het eten van een biefstuk en na het eten van een salade. Als je geen echte vegetariër wilt worden, begin er dan in ieder geval mee bij elke maaltijd salade en fruit te eten. Zelfs dat maakt al een enorm verschil voor de kwaliteit van je fysieke bestaan.'

'Dat klinkt niet al te moeilijk,' was mijn reactie. 'Ik heb al veel positiefs gehoord over een vegetarisch dieet. Vorige week nog vertelde Jenny me over een studie in Finland waarbij was aangetoond dat achtendertig procent van degenen die aan het onderzoek hadden meegedaan zich veel minder vermoeid en veel alerter voelde na slechts zeven maanden vegetarisch leven. Ik zou bij iedere maaltijd een salade moeten gaan eten. Als ik zo naar jou kijk, Julian, kan ik misschien beter nog van de hele maaltijd een salade maken.'

'Probeer het een maand en bekijk dan het resultaat. Je zult je uitzonderlijk goed voelen.'

'Als het goed genoeg is voor de Wijzen, is het goed genoeg voor mij. Ik beloof je dat ik het zal proberen. Het klinkt niet al te moeilijk, en ik begin trouwens schoon genoeg te krijgen van biefstuk en spareribs.'

'Als ik je het Ritueel van Levend Voedsel heb kunnen aansmeren, zal het vierde ritueel je zeker bevallen.'

'Je leerling heeft nog steeds een leeg kopje.'

'Het vierde ritueel staat bekend als het Ritueel van de Kennis. Het gaat er hierbij om je leven lang te leren en je kennis uit te breiden voor jezelf en iedereen om je heen.'

'Het oude idee van "kennis is macht"?'

'Het is veel meer dan dat, John. Kennis is slechts potentiële macht. Om macht manifest te maken, moet hij worden toegepast. De meeste mensen weten wel wat ze met een bepaalde situatie, of met hun eigen leven aan moeten. Het probleem is dat ze niet dagelijks en consequent hun kennis toepassen om hun dromen te verwezenlijken. Het Ritueel van de Kennis draait om het leren van de levenslessen. En belangrijker nog, je moet daarvoor toepassen wat je in het leven hebt geleerd.'

'Wat deden yogi Raman en de andere Wijzen om dit ritueel in praktijk te brengen?'

'Ze hadden vele kleine rituelen die ze dagelijks uitvoerden als eerbetoon aan het Ritueel van de Kennis. Een van de belangrijkste strategieën is ook een van de gemakkelijkste. Je kunt er zelfs vandaag nog mee beginnen.'

'Het neemt toch niet te veel tijd in beslag?'

Julian lachte even. 'Deze technieken, methoden en tips maken je productiever en effectiever dan je ooit geweest bent. Dus ga nu niet op kleinigheden letten.'

'Hoe gaat het dan?'

'Neem nou de mensen die zeggen dat ze niet de tijd hebben om back-ups te maken van hun computerwerk omdat ze te druk bezig zijn. Maar wanneer hun computer kapotgaat en maandenlang werk verloren is, hebben ze spijt dat ze niet dagelijks een paar minuten hebben uitgetrokken om alles op te slaan. Begrijp je waar ik heen wil?'

'Dat ik moet weten waar mijn prioriteiten liggen?'

'Precies. Probeer je niet te laten ketenen door je eigen tijdsindeling. Richt je liever op die dingen die je geweten en je hart je ingeven. Wanneer je in jezelf investeert en je erop richt je geest, lichaam en wezen naar het hoogste niveau te tillen, zul je je bijna voelen alsof je een eigen stuurman in je hebt die je vertelt wat je moet doen om het meest lonende resultaat te boeken. Je zult je geen zorgen meer maken over je tijdsindeling, en je eigen leven gaan leiden.'

'Goed, dat begrijp ik. Maar wat was dat eenvoudige ritueel dat je me zou leren?' wilde ik weten.

'Lees regelmatig. Dertig minuten per dag doet wonderen. Maar ik moet je waarschuwen. Lees niet zomaar iets. Je moet zeer selectief te werk gaan bij wat je de weelderige tuin van je geest als leesvoer geeft. Het moet wel wat te bieden hebben. Zorg dat het iets is wat zowel jou als je levenskwaliteit ten goede komt.'

'Wat lazen de Wijzen zoal?'

'Zij brachten vele uren door met het lezen en herlezen van de eeuwenoude lessen van hun voorouders. Ze verslonden deze filosofische literatuur. Ik zie die prachtige mensen nog voor me, op kleine bamboestoelen waarop ze vreemd gebonden boeken lazen, met die zachte glimlach van verlichting rond hun lippen. Pas in Sivana leerde ik werkelijk de macht van het boek kennen en het principe dat een boek de beste vriend van een Wijze is.'

'Dus ik zou ieder goed boek dat ik te pakken kan krijgen, moeten lezen?'

'Ja en nee,' luidde het antwoord. 'Ik zou je nooit zeggen niet zoveel mogelijk boeken te lezen. Maar bedenk wel dat sommige boeken gemaakt zijn om van te proeven, andere om te herkauwen en weer andere om in hun geheel door te slikken. Wat me bij iets anders brengt.'

'Heb je honger?'

'Nee, John,' zei Julian met een lach. 'Ik wil je alleen vertellen dat je, om er het meest uit te halen, een goed boek moet bestuderen, niet alleen lezen. Beschouw het als de contracten die je grootste cliënten je willen laten beoordelen. Laat het goed tot je doordringen, ga ermee aan het werk, word er één mee. De Wijzen lazen veel van de wijze boeken uit hun uitgebreide bibliotheek wel tien of vijftien keer. Ze beschouwden ze als heilige geschriften, van goddelijke oorsprong.'

'Wauw. Is lezen echt zo belangrijk?'

'Iedere dag dertig minuten maakt al heel wat verschil in je leven, omdat je al snel gaat zien wat een enorme hoeveelheid kennis er nog op je te wachten ligt. Ieder antwoord op iedere vraag die je ooit hebt gesteld, staat ergens gedrukt. Als je een beter advocaat, vader, vriend of minnaar wilt worden, zijn er boeken die je de weg kunnen wijzen. Alle fouten die je ooit in dit leven zult maken, zijn al gemaakt door hen die je zijn voorgegaan. Denk je werkelijk dat de problemen waarvoor jij je gesteld ziet, alleen jou overkomen?'

'Ik heb daar nooit over nagedacht, Julian. Maar ik begrijp wat je wilt zeggen, en ik weet dat je gelijk hebt.'

'Alle problemen die iemand ooit heeft, en ooit in zijn hele leven zal hebben, zijn al eerder meegemaakt,' zei Julian stellig. 'En belangrijker nog, de antwoorden en oplossingen zijn allemaal in boeken vastgelegd. Lees de juiste boeken. Leer hoe degenen die jou zijn voorgegaan, met de vraagstukken omgingen waarvoor jij je nu gesteld ziet. Pas hun strategieën toe en je zult verbaasd staan over wat dat voor positieve gevolgen voor je leven heeft.'

'Wat zijn precies "de juiste boeken"?' wilde ik weten, toen het ineens echt tot me doordrong dat Julian volkomen gelijk had.

'Dat laat ik over aan je eigen oordeel, mijn vriend. Persoonlijk besteed ik, sinds mijn terugkeer uit het Oosten, het grootste deel van mijn tijd aan het lezen van biografieën van de mannen en vrouwen die ik ben gaan bewonderen, en van wijze boeken uit de literatuur.'

'Zijn en nog bepaalde boeken die je je ijverige leerling wilt aanraden?' vroeg ik met een grijns.

'Zeker. Je zult veel hebben aan de biografie van de grote Amerikaan Benjamin Franklin. Ik denk dat je ook wel verder komt met de autobiografie van Mahatma Gandhi. En ik raad je ook *Siddharta* van Hermann Hesse aan, de bijzonder praktische filosofie van Marcus Aurelius en werk van Seneca. Je zou zelfs *Succes door positief denken* van Napoleon Hill kunnen lezen. Ik heb het vorige week gelezen en ik vond het zeer diepgaand.'

'*Succes door positief denken!*' riep ik uit. 'Maar ik dacht dat je dat na je hartaanval allemaal achter je had gelaten. Ik ben echt doodziek van al die boeken in de trant van "hoe word ik binnen de kortste keren rijk", die je worden aangepraat door van die gladde verkopers.'

'Rustig, kerel! Ik ben het van harte met je eens,' zei Julian, op de hartelijke en geduldige toon van een wijze, liefhebbende grootvader. 'Ik wil ook de ethiek in onze maatschappij herstellen. Dat boekje gaat niet over geld verdienen, maar over iets van je leven maken. Ik zal de eerste zijn om je te vertellen dat er een enorm verschil is tussen welbevinden en rijk zijn. Ik heb dat meegemaakt, en ik ken de pijn van een leven dat alleen maar om geld draait. *Succes door positief denken* gaat wel over rijkdom, maar onder andere over spirituele rijkdom, en hoe je al het goede je leven kunt binnenhalen. Je zou er goed aan doen het te lezen. Maar ik wil je er niet toe overhalen.'

'Sorry Julian, het was niet mijn bedoeling om over te komen als een agressief rechtsverdediger,' zei ik verontschuldigend. 'Ik geloof dat mijn humeur me soms parten speelt. Ook iets waar ik wat aan zou moeten doen. Ik ben je echt dankbaar voor alles wat je me vertelt.'

'Wat ik alleen maar wil zeggen is: lees en blijf lezen. Wil je nog iets interessants horen?'

'Wat?'

'Het is niet wat jij uit de boeken haalt wat zo verrijkend is – het is wat de boeken uit jou halen waardoor je leven uiteindelijk verandert. Weet je John, boeken leren je namelijk in feite niets nieuws.'

'Echt niet?'

'Heus. Boeken helpen je eenvoudigweg te zien wat er al in jezelf zit. Daar gaat het om bij verlichting. Na al mijn gereis en gezoek kwam ik erachter dat ik eigenlijk een cirkel had gemaakt, terug naar het beginpunt van mijn jonge jaren. Maar nu ken ik mezelf, en weet ik wat ik ben en kan worden.'

'Dus het Ritueel van de Kennis gaat over lezen en zoeken naar de grote hoeveelheid informatie om je heen?'

'Gedeeltelijk. Lees voorlopig dertig minuten per dag. De rest komt vanzelf,' zei Julian mysterieus.

'Goed, en wat is het vijfde Ritueel voor een Stralend Leven?'

'Dat is het Ritueel van de Zelfreflectie. De Wijzen geloofden sterk in de kracht van contemplatie. Door de tijd te nemen jezelf te leren kennen, kom je in contact met een dimensie van je wezen waarvan je niet wist dat die er was.'

'Dat klinkt diep.'

'Het is eigenlijk een heel praktisch gegeven. Weet je, in ons allen sluimeren talenten. Door de tijd te nemen om die te leren kennen, brengen we ze tot leven. Contemplatie gaat echter nog verder. Hiermee word je sterker, krijg je meer rust in jezelf, en word je wijzer. Het is een zeer bevredigende toepassing van je geest.'

'Het is me nog niet helemaal duidelijk, Julian.'

'Begrijp ik. Het klonk mij ook heel vreemd in de oren toen ik het voor het eerst hoorde. Maar in wezen is zelfreflectie niets meer dan de gewoonte van het denken.'

'Maar we denken toch allemaal? Is dat niet eigen aan mensen?'

'Tja, dat denken de meesten van ons. Het punt is dat de meeste mensen net genoeg denken om te kunnen overleven. Wat ik met dit ritueel bedoel is nadenken om je helemaal te ontplooien. Wanneer je Franklins biografie leest, zul je wel zien wat ik bedoel. Iedere avond, na een dag productieve arbeid, trok hij zich terug in een stil hoekje van zijn huis om de dag te overdenken. Hij ging dan al zijn gangen na en vroeg zich af of ze positief en constructief waren geweest, of negatief, en wat daar dan aan gedaan kon worden. Door goed te weten wat hij verkeerd deed, kon hij direct stappen ondernemen om er iets aan te doen en te zorgen dat hij zichzelf nog beter onder controle kreeg. De Wijzen deden hetzelfde. Iedere avond trokken ze zich terug in het heiligdom van hun met geurige rozenblaadjes bedekte hutten om diep te contempleren. Yogi Raman schreef zelfs zijn bevindingen over zijn dag op.'

'Wat schreef hij dan zoal op?'

'Eerst gaf hij een opsomming van wat hij allemaal had gedaan, van zijn persoonlijke verzorging 's ochtends en zijn interacties met de andere Wijzen tot zijn tochten door het woud op zoek naar brandhout en vers voedsel. Verder noteerde hij de gedachten die er op zo'n dag door zijn hoofd waren gegaan.'

'Is dat niet moeilijk? Ik kan me nauwelijks herinneren wat ik vijf minuten geleden dacht, laat staan twaalf uur geleden.'

'Niet als je dit ritueel dagelijks oefent. Weet je, iedereen kan de resultaten bereiken die ik heb bereikt. Iedereen. Het werkelijke probleem is dat te veel mensen aan een vreselijke kwaal lijden die bekendstaat als excusitus.'

'Ik geloof dat ik daar ook last van heb,' zei ik, volledig doordrongen van wat mijn wijze vriend bedoelde.

'Houd op met het verzinnen van uitvluchten en doe het gewoon!' riep Julian uit, en zijn stem trilde van overtuigingskracht.

'Doe wat?'

'Neem de tijd om na te denken. Ontwikkel de gewoonte bij jezelf naar binnen te kijken. Als yogi Raman eenmaal alles wat hij had gedaan en alles wat hij had gedacht in twee kolommen had opgeschreven, maakte hij daarnaast nog een kolom met beoordelingen. Bij het overlezen van zijn handelingen en gedachten vroeg hij zich af of ze positief waren. Zo ja, dan besloot hij op dezelfde voet door te gaan, omdat ze op de lange duur vrucht zouden afwerpen.'

'En als ze negatief waren?'

'Dan bedacht hij een manier om ervan af te raken.'

'Ik zou graag een voorbeeld horen.'

'Mag het persoonlijk zijn?' vroeg Julian.

'Natuurlijk, ik wil graag iets over je meest persoonlijke gedachten horen.'

'Eerlijk gezegd bedoelde ik die van jou.'

We begonnen allebei te grinniken als een schooljongen.

'Nou vooruit dan. Je hebt altijd je zin gekregen.'

'Goed, laten we een paar dingen doornemen die je vandaag hebt gedaan. Schrijf ze maar op dat vel papier dat op de tafel ligt,' droeg Julian me op.

Ik begon te beseffen dat er iets belangrijks ging gebeuren. Dit was voor het eerst in jaren dat ik tijd uit trok om na te denken over de dingen die ik deed en de gedachten die door me heen gingen. Het was allemaal zo vreemd en toch zo begrijpelijk. Per slot van rekening, hoe kon ik hopen iets aan mezelf en mijn leven te verbeteren als ik niet eens de tijd had uit getrokken om erachter te komen wat er aan schortte?

'Waar moet ik beginnen?'

'Begin maar met wat je vanochtend hebt gedaan en loop dan verder de dag door. Neem maar een paar hoogtepunten, we hebben nog genoeg te bespreken en ik wil straks weer terug naar het verhaal van yogi Raman.'

'Goed. Ik werd om halfzeven gewekt door mijn elektrische haantje,' grapte ik.

'Serieus blijven, ga door,' reageerde Julian.

'Goed. Daarna heb ik me gedoucht en me geschoren, wat eten naar binnen gewerkt en ben ik naar mijn werk gespurt.'

'En je vrouw en kinderen?'

'Die sliepen allemaal nog. Maar goed, op kantoor kwam ik erachter dat mijn afspraak van halfacht al vanaf zeven uur op me stond te wachten, en die was woedend!'

'En hoe reageerde jij?'

'Ik pikte het niet, wat moest ik dan doen, me door hem de les laten lezen?'

'Hmm. Oké. En daarna?'

'Het werd van kwaad tot erger. De rechtbank belde om te zeggen dat rechter Wildabest me wilde spreken en als ik binnen tien minuten niet verscheen "zouden er koppen rollen". Je kent Wildabest zeker nog wel? Jij was degene die hem zijn bijnaam Wild Beest gaf nadat hij jou had terechtgewezen omdat je je Ferrari op zijn parkeerplaats had gezet!' Bij de herinnering barstte ik in lachen uit.

'Je kon het niet laten me dat nog eens in te peperen hè?' zei Julian, en zijn ogen schitterden op de manier waar hij eens zo bekend om was.

'Goed, ik racete dus naar de rechtbank en had nog even woorden met een van de klerken. Tegen de tijd dat ik terug was op kantoor, moest ik zevenentwintig mensen terugbellen – allemaal "dringend". Moet ik nog verdergaan?'

'Ja, graag.'

'Op weg naar huis belde Jenny me in de auto met de vraag of ik even bij haar moeder langs kon gaan om zo'n heerlijke taart op te halen waar mijn schoonmoeder beroemd om is. Het punt was dat ik midden in een file zat, die erger was dan ik in tijden had meegemaakt. Dus daar zat ik, midden in de spits, in een graadje of dertig, te schudden van de stress en met een gevoel dat ik nog meer tijd kwijtraakte.'

'En hoe reageerde je?'

'Ik vervloekte het verkeer,' zei ik naar waarheid. 'Ik heb keihard zitten schreeuwen. Wil je weten wat ik precies zei?'

'Ik denk niet dat dat iets is wat de tuin van mijn geest zou verrijken,' antwoordde Julian met een milde glimlach.

'Maar misschien zou het goed als mest kunnen dienen.'

'Nee, bedankt. Misschien moeten we hier ophouden. Kijk nu nog even naar je dag. Kennelijk zijn er wel een paar dingen die je anders zou aanpakken als je de kans zou krijgen.'

'Zeker.'

'Zoals?'

'Hmm. Nou ten eerste zou ik in een perfecte wereld vroeger opstaan. Ik geloof niet dat ik mezelf een plezier doe door me gek te haasten. Ik zou graag 's ochtends wat rustiger aan willen doen. De techniek van het Hart van de Roos waarover je me hebt verteld, zou me hierbij goed van pas komen. En ook zou ik graag met mijn gezin aan de ontbijttafel zitten, al was het maar voor een bordje cornflakes. Het zou me meer evenwicht geven. Ik heb altijd het gevoel dat ik niet genoeg tijd met Jenny en de kinderen doorbreng.'

'Maar het is een perfecte wereld, en je hebt een perfect leven. Het ligt wel degelijk in je macht om je dag zelf te bepalen. Het ligt wel in je macht om de juiste gedachten te hebben. Je kunt wél je eigen dromen verwezenlijken!' stelde Julian met stemverheffing vast.

'Dat begin ik te beseffen. Ik krijg echt het gevoel dat ik er iets aan kan veranderen.'

'Mooi. Ga verder over je dag.'

'Nou, ik wou dat ik niet tegen die cliënt had staan schreeuwen. Ik wou dat ik geen ruzie had gemaakt met die kantoorbediende en dat ik niet op het verkeer had zitten foeteren.'

'Het kan het verkeer niets schelen, toch?'

'Het blijft gewoon verkeer,' merkte ik op.

'Ik geloof dat je nu de kracht inziet van het Ritueel van de Zelfreflectie. Door te kijken naar wat je doet, hoe je je dag doorbrengt en wat voor dingen je denkt, geef je jezelf een referentiepunt om te kijken of je vooruitgaat. De enige manier om het morgen beter te doen is weten wat je vandaag verkeerd hebt aangepakt.'

'En met een duidelijk plan komen zodat het niet weer gebeurt?'

'Precies. Er is niets verkeerd aan fouten maken. Fouten zijn onderdeel van het leven en essentieel voor de groei. Het is net als zeggen: geluk komt voort uit een goed oordeel, een goed oordeel komt voort uit ervaring, en ervaring is een gevolg van een verkeerd oordeel. Maar er is wel iets heel erg mis met iedere keer opnieuw dezelfde fouten maken. Hieruit spreekt een volslagen gebrek aan bewustzijn van jezelf, bij uitstek de eigenschap die mensen van dieren onderscheidt.'

'Ik heb dat nog nooit eerder zo horen zeggen.'

'Maar het is wel waar. Alleen een mens kan naar zichzelf kijken en beoordelen wat hij goed of wat hij verkeerd doet. Een hond kan dat niet. Een vogel kan dat niet. Zelfs een aap kan dat niet. Maar jij wel. Daar gaat het nu om bij het Ritueel van Zelfreflectie. Bekijk wat je iedere dag goed en fout doet en probeer een manier te vinden om daar wat aan te doen.'

'Ik heb heel wat stof tot nadenken, Julian. Heel wat,' zei ik peinzend.

'Wat dacht je dan nog van het zesde Ritueel voor een Stralend Leven: het Ritueel van het Vroeg Ontwaken.'

'O jee. Ik geloof dat ik weet wat er nu komt.'

'Een van de beste adviezen die ik daar in het paradijselijke Sivana heb gekregen is opstaan als de zon opkomt en de dag goed beginnen. De meesten van ons slapen veel meer dan nodig is. De gemiddelde persoon kan met zes uur slaap toe – en daarmee in perfecte gezondheid leven. Slaap is eigenlijk niets meer dan een gewoonte, en net als iedere andere gewoonte kun je die veranderen.'

'Maar als ik te vroeg opsta, voel ik me echt uitgeput.'

'De eerste paar dagen zul je je doodmoe voelen. Dat geef ik direct toe. Je zult je misschien de eerste week zo blijven voelen. Maar beschouw dit als een vervelende bijkomstigheid voor iets veel belangrijkers. Je zult met het aanleren van een nieuwe gewoonte altijd wat moeite hebben. Het is net als bij een nieuw paar schoenen – eerst zitten ze nog niet lekker, maar al gauw zitten ze je als gegoten. Zoals ik al eerder zei, pijn is vaak de voorloper van persoonlijke groei. Wees er niet bang voor. Verwelkom hem liever.'

'Oké, het idee van vroeger opstaan staat me wel aan. Maar wat bedoel je eigenlijk precies met "vroeg"?'

'Ook een goede vraag. Er is niet zoiets als een ideaal tijdstip. Net als met al het andere wat ik je heb verteld, moet je doen wat goed voor jou is. Denk maar aan Ramans woorden: "niet extreem, alles met mate".'

'Met zonsopgang uit de veren klinkt in mijn oren extreem.'

'Maar dat is het in feite niet. Er zijn weinig dingen natuurlijker dan opstaan bij het ochtendgloren. De Wijzen geloofden dat de zonneschijn een geschenk was uit de hemel, en hoewel ze ervoor oppasten niet te lang in de zon te zitten, namen ze regelmatig een zonnebad en je kon hen vaak 's ochtends in het zonnetje zien dansen. Ik geloof sterk dat dit een van de andere hoofdredenen voor hun buitengewoon hoge leeftijd was.'

'En zit jij ook in de zon?' vroeg ik.

'Zeker. De zon maakt me jong. Als ik moe word, houdt de zon me vrolijk. In de eeuwenoude cultuur van het Oosten werd de zon als een verbinding met de ziel beschouwd. Mensen aanbaden hem, aangezien hij de oogst, maar ook hun ziel deed opbloeien. De zon maakt een levenskracht in je los en herstelt je emotionele en fysieke levenslust. Hij is een prachtige genezer, mits met mate bezocht natuurlijk. Maar ik dwaal af. Het gaat erom iedere dag vroeg op te staan.'

'Hmm. En hoe kan ik dit ritueel inbouwen in mijn dagelijkse regime?'

'Hier volgen een paar snelle tips. Ten eerste, vergeet nooit dat het om de kwaliteit van je slaap gaat, niet om de kwantiteit. Het is beter om zes uur ononderbroken te slapen dan tien uren onderbroken. Het hele idee erachter is je lichaam rust te gunnen zodat de natuurlijke processen zich kunnen herstellen en je lichaam weer in zijn natuurlijke toestand raakt, een toestand die door de druk en de strijd van de dagelijkse praktijk achteruitgaat. Veel van de gewoonten van de Wijzen zijn gebaseerd op het principe dat men eerder moet streven naar een goede slaap dan naar een langdurige slaap. Yogi Raman at bijvoorbeeld na acht uur 's avonds niets meer. Hij zei dat de spijsvertering anders zijn slaap verstoorde. Een ander voorbeeld was de gewoonte van de Wijzen om te mediteren op de klanken van de harp, vlak voordat ze gingen slapen.'

'En waarom was dat?'

'Vertel eens, John, wat doe jij 's avonds voor je gaat slapen?'

'Dan kijk ik met Jenny naar het nieuws, zoals de meeste mensen.'

'Zoiets dacht ik al,' zei Julian, met een geheimzinnige schittering in de ogen.

'Ik begrijp het niet. Wat kan er mis zijn met naar het nieuws kijken voor je gaat slapen?'

'De tien minuten voor je in slaap valt en de tien minuten na het wakker worden zijn van grote invloed op je onderbewustzijn. Alleen de meest inspirerende en serene gedachten zouden op die momenten in je geest geprogrammeerd mogen worden.'

'Dat klinkt alsof de geest een computer is.'

'Ja, dat is wel een aardige vergelijking – wat je erin stopt, haal je er ook weer uit. Nog belangrijker is het feit dat jij alleen de programmeur bent. Door te bepalen welke gedachten erin gaan, bepaal je ook wat eruit komt. Dus voor je gaat slapen, kun je beter niet naar het nieuws kijken of ruziemaken, en ook niet de afgelopen dag nog eens nalopen. Ontspan. Drink een kop kruidenthee, als je wilt. Luister naar rustige klassieke muziek en laat je langzaam wegglijden in een heerlijke, verfrissende sluimering.'

'Dat klinkt logisch. Hoe beter ik slaap, hoe minder slaap ik nodig heb.'

'Precies. En denk aan de Eeuwenoude Regel van Eenentwintig: als je iets eenentwintig dagen achter elkaar doet, wordt het een gewoonte. Dus blijf zo'n drie weken achter elkaar vroeg opstaan voor je het opgeeft omdat het niet zo aangenaam is. Maar daarna wordt het een onderdeel van je leven. Binnen de kortste keren sta je met het grootste gemak om halfzes, zelfs om vijf uur al op, om van weer een geweldige dag te kunnen genieten.'

'Oké, stel dat ik iedere dag om halfzes opsta. Wat ga ik dan doen?'

'Uit je vragen blijkt dat je nadenkt, mijn vriend. Dat waardeer ik. Als je eenmaal bent opgestaan, zijn er heel veel dingen die je kunt doen. Het basisprincipe om te onthouden is *je dag goed beginnen*. Zoals ik al zei, de gedachten die je hebt en de dingen die je doet gedurende de eerste tien minuten na het ontwaken, bepalen voor een groot deel de rest van je dag.'

'Meen je dat?'

'Absoluut. Denk positieve dingen. Spreek een dankgebed uit voor alles wat je hebt. Bedenk wat je allemaal hebt om dankbaar voor te zijn. Luister naar mooie muziek. Kijk naar de opkomende zon, of maak een korte wandeling in de natuur als je daar zin in hebt. De Wijzen lachen zelfs, of ze er nu zin in hadden of niet, gewoon om die "gelukssappen" vroegtijdig op gang te brengen.'

'Julian, ik doe mijn uiterste best om mijn kopje leeg te houden en je zult het er denk ik wel mee eens zijn dat ik voor een nieuweling aardig meekom. Maar dit klinkt me echt vreemd in de oren, zelfs voor een stel monniken hoog in de Himalaya.'

'Maar dat is het toch niet. Raad eens hoeveel keer een gemiddeld kind van vier jaar per dag lacht.'

'Wie weet dat nou?'

'Ik. Driehonderd keer. En raad eens hoeveel keer de gemiddelde volwassene in onze maatschappij per dag lacht.'

'Vijftig keer?' waagde ik.

'Zeg maar liever vijftien,' zei Julian, met een glimlach van voldoening. 'Zie je wat ik bedoel? Lachen heelt de ziel. Ook al staat je hoofd er nog niet naar, kijk in de spiegel en lach een paar minuten lang. Je gaat je dan vanzelf fantastisch voelen. William James heeft gezegd: "Wij lachen niet omdat we gelukkig zijn. Wij zijn gelukkig omdat we lachen." Dus begin je dag vreugdevol. Lach, speel en wees dankbaar voor alles wat je hebt. Iedere dag zal je dan voldoening schenken.'

'Wat doe jij 's ochtends vroeg voor positiefs?'

'Ik heb een zeer goed uitgewerkte ochtendroutine ontwikkeld, waarin alles zit, van het Hart van de Roos tot een paar glazen vers geperst vruchtensap drinken. Maar één strategie in het bijzonder wil ik je niet onthouden.'

'Dat klinkt alsof het om iets belangrijks gaat.'

'Dat is het ook. Ga kort na het ontwaken je heiligdom der stilte binnen. Zorg dat je je concentreert. Stel jezelf dan de vraag: wat zou ik vandaag doen als het mijn laatste dag was? Hierbij gaat het erom dat je de betekenis van deze vraag goed tot je laat doordringen. Maak in gedachten een lijst van wat je zou doen, de mensen die je zou willen spreken en de momenten waarvan je zou genieten. Stel je in gedachten voor dat je al die dingen vol energie doet. Stel je voor hoe je je tegenover je gezin en je vrienden zou gedragen. Stel je zelfs voor hoe je je tegenover volslagen vreemden zou gedragen als dit je laatste dag op deze planeet was. Zoals ik je al zei, als je iedere dag leeft alsof het je laatste is, krijgt je leven iets magisch. En dit brengt me bij het zevende Ritueel voor een Stralend Leven: het Ritueel van de Muziek.'

'Dat lijkt me wel wat,' meende ik.

'Dat weet ik zeker. De Wijzen hielden van hun muziek. Die gaf hun dezelfde spirituele stimulans als de zon. Muziek maakte hen aan het lachen, liet hen dansen en zingen. Dat kan ze voor jou ook doen. Vergeet nooit de kracht van muziek. Geniet elke dag even van muziek, al is het maar een stukje rustige muziek op weg naar je werk. En als je neerslachtig of vermoeid bent, luister dan naar muziek. Het is een van de beste motivators die ik ken.'

'Behalve jijzelf dan!' riep ik oprecht uit. 'Alleen al door naar jou te luisteren, voel ik me geweldig. Je bent werkelijk veranderd, Julian, en niet alleen vanbuiten. Je oude cynisme is verdwenen. Je negativiteit is verdwenen. Je oude agressieve gedrag is verdwenen. Je lijkt echt veel meer in harmonie met jezelf. Je hebt me vanavond echt geraakt.'

'Maar er is nog meer!' riep Julian met zijn vuist in de lucht. 'Laten we verdergaan.'

'Ik zou niet anders willen.'

'Goed dan. Het achtste ritueel is het Ritueel van het Gesproken Woord. De Wijzen hadden een aantal mantra's die ze elke ochtend, middag en avond uitspraken. Ze vertelden me dat deze oefening buitengewoon effectief was om hen geconcentreerd, krachtig en gelukkig te houden.'

'Wat is een mantra?' vroeg ik.

'Een mantra is niets meer dan een verzameling woorden die aan elkaar geregen zijn om een positief effect te bewerkstelligen. In het Sanskriet betekent *man* "geest", en *tra* "bevrijding". Dus een mantra is een manier om je geest te bevrijden. En geloof me John, mantra's zijn hiervoor bijzonder geschikt.'

'Gebruik jij ook mantra's in je dagelijkse programma?'

'Welzeker. Het zijn mijn trouwe metgezellen, waar ik ook ga. Of ik nu in de bus zit, naar de bibliotheek wandel of op een bank in het parkje om me heen zit te kijken, ik bevestig voortdurend al het goede in mijn wereld met behulp van mantra's.'

'Mantra's moet je hardop zeggen?'

'Dat hoeft niet. Opschrijven is ook heel effectief. Maar ik heb ontdekt dat het hardop herhalen van een mantra een geweldig effect op mij heeft. Wanneer ik motivatie nodig heb, herhaal ik bijvoorbeeld twee- tot driehonderd keer "ik ben geïnspireerd, gedisciplineerd en vol levenslust". Om het enorme gevoel van zelfvertrouwen dat ik heb opgebouwd te behouden, zeg ik steeds "ik ben sterk, capabel en kalm". Ik gebruik zelfs mantra's om me jeugdig en vitaal te voelen,' erkende Julian.

'Hoe kan een mantra je jong houden?'

'Woorden hebben een duidelijke invloed op je geest. Of je ze nu uitspreekt of opschrijft, die invloed is heel sterk. Wat je tegen anderen zegt is belangrijk, maar nog belangrijker is wat je tegen jezelf zegt.'

'Dus je praat tegen jezelf.'

'Precies. Je bent wat je de hele dag door denkt. Je bent ook wat je de hele dag door tegen jezelf zegt. Als je zegt dat je oud en moe bent, komt deze mantra tot uitdrukking in je verschijning. Als je zegt dat je zwak bent en geestdrift mist, komt dit ook in je gedrag naar voren. Maar als je zegt dat je gezond, dynamisch en levenslustig bent, wordt je leven totaal anders. Weet je, de woorden die je tegen jezelf zegt hebben invloed op je zelfbeeld en je zelfbeeld bepaalt wat je doet. Als je bijvoorbeeld het zelfbeeld hebt van iemand die het vertrouwen mist om iets waardevols te doen, zul je alleen dingen kunnen doen die dat vertegenwoordigen. Maar als je jezelf als een stralend, onbevreesd persoon ziet, zal dit ook in je hele doen en laten naar voren komen. Je zelfbeeld is echt een self-fulfilling prophecy.'

'Hoe werkt dat dan?'

'Als je gelooft dat iets je niet lukt, bijvoorbeeld de ideale partner vinden of een leven zonder stress, zal dat idee je zelfbeeld beïnvloeden. Op zijn beurt zal je zelfbeeld je ervan afhouden de juiste stappen te nemen om de ideale partner te vinden of een rustig leven voor jezelf te creëren. Het zal iedere poging saboteren die je in die richting zou kunnen ondernemen.'

'Waarom werkt dat op die manier?'

'Eenvoudig. Je zelfbeeld maakt de wet uit. Het zal je nooit iets laten doen wat er niet mee overeenstemt. Het mooie is dat je je zelfbeeld kunt veranderen, net zoals je al het andere in je leven kunt veranderen wat je niet ten goede komt. Mantra's zijn een geweldig goede manier om dit doel te bereiken.'

'En wanneer ik mijn interne wereld verander, verander ik mijn externe wereld,' zei ik braaf.

'Je leert snel,' zei Julian en stak zijn duimen in de lucht zoals hij vroeger als topadvocaat zo vaak had gedaan.

'Wat ons bij het negende Ritueel voor een Stralend Leven brengt.

Dat is het Ritueel van het Harmoniërende Karakter. Het is een soort afgeleide van het zelfbeeld-idee waar we het zojuist over hadden. Eenvoudig gesteld, moet je voor dit ritueel dagelijks steeds meer doen om je karakter te ontwikkelen. Het versterken van je karakter beïnvloedt de manier waarop je jezelf ziet en de daden die je verricht. De daden die je verricht vormen tezamen je gewoonten en, dit is belangrijk, je gewoonten voeren je naar je bestemming. Misschien heeft yogi Raman het nog wel het best geformuleerd: "Je zaait een gedachte, je oogst een daad. Oogst een daad, en je zaait een gewoonte. Zaai een gewoonte, dan oogst je karakter. Zaai je karakter, dan oogst je je bestemming."'

'Wat zou ik kunnen doen om mijn karakter te ontwikkelen?'

'Alles wat je goede eigenschappen bevordert. Voor je me vraagt wat ik met "goede eigenschappen" bedoel, zal ik me nader verklaren. De Wijzen van het Himalaya-gebergte geloofden sterk dat een deugdelijk leven een zinvol leven was. Dus baseerden ze al hun daden op een aantal tijdloze principes.'

'Maar ik dacht dat je zei dat ze hun leven op hun doel baseerden?'

'Ja, dat is zeker zo, maar hun levensroeping was ook leven op een manier die met deze principes overeenkwam, principes die hun voorouders al duizenden jaren dienden.'

'Wat zijn die principes, Julian?' vroeg ik.

'Het zijn, eenvoudig gezegd: ijver, mededogen, nederigheid, geduld, eerlijkheid en moed. Wanneer je al je daden volgens deze principes verricht, zul je een diep gevoel van innerlijke harmonie en vrede bereiken. Op die manier bereik je absoluut spiritueel succes. Dit komt doordat je dan doet wat goed is. Je zult handelen op een manier die in overeenstemming is met de wetten van de natuur en het universum. En dan begin je je energie uit een andere dimensie te ontvangen, noem het een hogere macht als je wilt. Dit is ook het punt waarop je leven van een gewoon leven in iets buitengewoons verandert, en waar je de heiligheid van je bestaan gaat voelen. Het is de eerste stap naar verlichting.'

'Heb jij dit ervaren?'

'Ja, en ik denk dat jij dat ook zult ervaren. Doe de juiste dingen. Handel in overeenstemming met je ware aard. Wees integer. Laat je leiden door je hart. De rest zorgt voor zichzelf. Je bent nooit alleen, weet je.'

'Hoe bedoel je?'

'Dat vertel ik je misschien nog eens een andere keer. Maar denk er nu aan dat je iedere dag kleine dingetjes moet doen om je karakter te sterken. Emerson heeft gezegd: "Karakter is hoger dan intellect. Een grote ziel is sterk in het leven en in het denken." Je karakter is gevormd wanneer je in overeenstemming handelt met de principes die ik zonet heb genoemd. Als je dit niet doet, zal het ware geluk je altijd ontgaan.'

'En het laatste ritueel?'

'Dat is het belangrijkste ritueel, het Ritueel van de Eenvoud. Volgens dit ritueel moet je eenvoudig leven. Yogi Raman zei: "Leef nooit voor onbeduidende dingen. Richt je alleen op je prioriteiten, dingen die echt betekenis hebben. Je leven zal veel overzichtelijker, bevredigender en rustiger worden. Dat beloof ik je." En hij had gelijk. Vanaf het moment dat ik begon het kaf van het koren te scheiden, kwam er harmonie in mijn leven. Ik ging niet langer door in dat koortsachtige tempo waaraan ik gewend was. Ik leefde niet langer als in een tornado. In plaats daarvan nam ik gas terug en trok ik tijd uit om eens rustig te genieten.'

'Wat heb je gedaan om die eenvoudige levensstijl aan te leren?'

'Ik droeg geen dure kleding meer. Ik stopte met het lezen van zes kranten per dag, ik was niet langer de hele dag door beschikbaar voor iedereen, ik werd vegetariër en ik at minder. In feite beperkte ik mijn behoeften. Weet je John, tenzij je je behoeften op een lager pitje zet, zul je nooit voldoening vinden. Dan zul je altijd zijn als die gokker in Las Vegas die steeds bij de roulettetafel blijft staan "voor een laatste kans" in de hoop dat zijn geluksnummer valt. Je zult dan altijd meer willen dan je hebt. Hoe kun je zo ooit het geluk vinden?'

'Maar je hebt me hiervoor verteld dat geluk een gevolg is van prestatie. En nu zeg je dat ik mijn behoeften moet terugdraaien en me met minder tevreden moet stellen. Is dat geen tegenstelling?'

'Heel juist opgemerkt, John. Het lijkt misschien een tegenstelling, maar dat is het niet. Levensgeluk is geen gevolg van je dromen willen verwezenlijken. Je bent op je best wanneer je vooruitgaat. Het gaat er niet om je geluk gelijk te stellen met het vinden van die pot goud aan het einde van de regenboog. Ook al was ik vele malen miljonair, ik maakte mezelf wijs dat ik pas succes had als ik driehonderd miljoen dollar op de bank zou hebben. Dat was de formule voor rampspoed.'

'Driehonderd miljoen?' vroeg ik vol ongeloof.

'Driehonderd miljoen. Dus het maakte niet uit hoeveel ik had, ik was toch nooit tevreden. Ik was altijd ongelukkig. Het was gewoon pure hebzucht. Nu kan ik dat gemakkelijk toegeven. Het was net als in het verhaal van koning Midas. Dat ken je zeker wel?'

'Jazeker. De man die zoveel van goud hield dat hij bad dat alles wat hij aanraakte in goud zou veranderen. Toen zijn wens werd vervuld, kon hij zijn geluk niet op. Tot hij besefte dat hij niets kon eten omdat alles wat hij aanraakte in goud veranderde et cetera.'

'Juist. Op dezelfde manier was ik zo op geld belust dat ik niet kon genieten van wat ik had. Maar er kwam een tijd dat ik alleen maar water en brood kon eten,' zei Julian, met een peinzende blik in zijn ogen.

'Meen je dat? Ik dacht dat je met die beroemde vrienden van je altijd in de beste restaurants at.'

'Dat was alleen in het begin. Niet veel mensen weten dit, maar de last van mijn buitensporige levensstijl bezorgde me een maagzweer. Ik kon nog geen hotdog eten zonder misselijk te worden. Wat een leven! Al dat geld, en ik kon niet meer wegkrijgen dan water en brood. Het was eigenlijk maar een zielige toestand.' Julian vermande zich. 'Maar ik ben er niet de man naar om in het verleden te leven. Dat was ook een van die belangrijke levenslessen. Zoals ik al eerder zei: pijn is een prima leermeester. Om pijn te overstijgen, moest ik hem eerst aan den lijve ondervinden. Zonder die pijn zou ik hier nu niet zo met jou zitten,' zei hij onaangedaan.

'Kun je me nog iets aanraden wat ik zou kunnen doen om het Ritueel van de Eenvoud in mijn leven te verwerken?' vroeg ik.

'Er is zoveel wat je kunt doen. Zelfs kleine dingen maken al heel wat verschil.'

'Zoals wat?'

'Niet meer iedere keer de telefoon opnemen, geen rotzooi lezen die met de post komt, niet meer driemaal per week uit eten gaan, je lidmaatschap bij de golfclub opzeggen en meer tijd met je kinderen doorbrengen, een week zonder horloge doen, om de paar dagen de zon zien opkomen, je mobiele telefoon wegdoen. Moet ik nog verdergaan?' Het was een retorische vraag.

'Nee, ik begrijp het. Maar die telefoon wegdoen?' vroeg ik bezorgd, zoals een baby zich naar mijn idee moet voelen wanneer de dokter voorstelt om de navelstreng door te knippen.

'Zoals ik zei, is het mijn plicht om jou de wijsheid over te brengen die ik tijdens mijn reis heb geleerd. Je hoeft niet iedere strategie toe te passen om het effect te laten hebben. Probeer de technieken uit en gebruik de dingen die je een goed gevoel geven.'

'Ik weet het. Niets in extremis, alles met mate.'

'Precies.'

'Ik moet echter toegeven dat al die strategieën prima klinken. Maar zullen ze in dertig dagen werkelijk een diepgaande verandering in mijn leven tot gevolg hebben?'

'Zelfs minder dan dertig dagen – en zelfs meer,' zei Julian, met zijn typische, plagerige blik.

'Daar gaan we weer. Leg uit, wijze man.'

'"Julian" is voldoende hoor, hoewel "wijze man" indrukwekkend op mijn oude briefpapier zou hebben gestaan,' grapte hij. 'Ik denk dat het minder dan dertig dagen duurt, omdat werkelijke levensveranderingen spontaan verlopen.'

'Spontaan?'

'Ja, het gebeurt in een fractie van een seconde, op het moment dat je vanuit je diepste wezen besluit dat je je leven naar het hoogste niveau wilt tillen. Op dat moment ben je al een ander mens, die vastbesloten is zijn bestemming te bereiken.'

'En waarom meer dan dertig dagen?'

'Ik beloof je dat je vandaag over een maand aanzienlijke verbeteringen zult constateren. Je zult over meer energie beschikken, minder door zorgen geplaagd worden, meer creativiteit en minder stress ervaren in ieder aspect van je leven. Maar de methoden van de Wijzen zijn niet van het soort die je even snel toepast. Het zijn tijdloze tradities die bedoeld zijn om de rest van je leven dagelijks te blijven toepassen. Als je dat niet meer doet, zul je merken dat je weer in je oude gewoonten vervalt.'

Nadat Julian de Tien Rituelen voor een Stralend Leven uiteen had gezet, zweeg hij. 'Ik weet dat je wilt dat ik doorga, dus dat doe ik. Ik geloof zo sterk in wat ik je nu vertel dat ik het niet erg vind je de hele nacht wakker te houden. Misschien is dit het juiste moment om iets dieper op de materie in te gaan.'

'Wat bedoel je precies? Ik vind álles wat ik vanavond te horen hebt gekregen al behoorlijk diep gaan,' stelde ik verbaasd vast.

'De mysteries die ik je heb verteld, stellen jou en al degenen met wie je in contact komt, in staat het leven te creëren dat je verlangt. Maar de denkwijze van de Wijzen van Sivana bevat veel meer dan je op het eerste gezicht zou zeggen. Wat ik je tot nu toe heb verteld, is bijzonder praktisch geweest. Maar je moet ook iets weten van de onderliggende spirituele stroom die door de principes die ik je heb geschetst, loopt. Als je niet begrijpt waar ik het over heb, maak je dan geen zorgen. Neem het gewoon maar aan en herkauw het een poosje, later kun je het verwerken.'

'Wanneer de leerling er klaar voor is, verschijnt de leermeester?'

'Precies,' zei Julian lachend. 'Je bent altijd al een snelle leerling geweest.'

'Goed, kom maar op met die spirituele dingen,' zei ik energiek, zonder er erg in te hebben dat het al halfdrie in de ochtend was.

'Binnen in je is de zon, de maan, de hemel en alle wonderen van het universum. De intelligente macht die deze wonderen heeft gecreëerd is dezelfde die jou heeft geschapen. Alles om je heen komt voort uit diezelfde bron. We zijn allen één.'

'Ik weet niet of ik je wel kan volgen.'

'Ieder wezen hier op aarde, ieder voorwerp op deze aarde, heeft een ziel. Alle zielen vloeien ineen, en dat is de Ziel van het Universum. Weet je John, wanneer je je eigen geest en je eigen wezen voedt, voed je in werkelijkheid de Ziel van het Universum. Wanneer je aan jezelf werkt, werk je aan de levens van al degenen om je heen. En wanneer je de moed hebt om met vertrouwen je dromen te volgen, ga je gebruikmaken van de macht van het universum. Zoals ik je al eerder zei, het leven geeft wat je ervan vraagt. Het luistert altijd.'

'Dus meester worden over mezelf en kaizen helpen me anderen te helpen door mij te helpen mezelf te helpen?'

'Zoiets ja. Als je je geestelijk verrijkt, als je voor je lichaam zorgt en je spiritueel voedt, zul je precies begrijpen wat ik bedoel.'

'Julian, ik weet dat je het goed bedoelt. Maar controle over je eigen leven is een tamelijk hoog ideaal voor een huisvader van over de honderd kilo die, tot nu toe, meer tijd heeft besteed aan de ontwikkeling van zijn cliëntenbestand dan aan zijn persoonlijke ontwikkeling. Wat gebeurt er als ik daarin faal?'

'Falen is niet genoeg moed hebben om het te proberen, niets meer en niets minder. Het enige wat tussen de meeste mensen en hun dromen in staat, is angst om te falen. Toch is falen essentieel om succes te kunnen boeken. Mislukking stelt ons op de proef en geeft ons de kans te groeien. Het biedt ons een les en een richtlijn naar het pad der verlichting. De leermeesters uit het Oosten zeggen dat iedere pijl die de roos raakt het resultaat is van honderd keer misschieten. Het is een

fundamentele natuurwet dat je winst boekt na verlies. Wees nooit bang om te falen. Mislukking is je beste vriend.'
'Blij zijn met falen?' vroeg ik verbijsterd.
'Het universum is met de dapperen. Wanneer je besluit om voor eens en altijd je leven naar het hoogste niveau te tillen, zal de kracht van je ziel je de weg wijzen. Volgens yogi Raman is ieders bestemming al bij zijn geboorte bepaald. Deze weg leidt altijd naar een magische plaats, vol schitterende schatten. Het is aan ieder individu om de moed te ontwikkelen deze weg te bewandelen. Hij heeft me een verhaal verteld dat ik ook graag aan jou zou vertellen.

Ooit, in het oude India, was er een kwaadwillende reus die een schitterend kasteel bezat dat uitkeek over zee. Toen de reus vele jaren weg was om strijd te leveren, gebruikten de kinderen uit een naburig dorpje de prachtige tuin van de reus om in te spelen. Op een dag kwam de reus terug en hij smeet alle kinderen zijn tuin uit. "En nooit meer terugkomen!" schreeuwde hij terwijl hij de enorme eiken deur vol afkeer dichtsloeg. Daarna liet hij een enorm hoge marmeren muur om de tuin bouwen om de kinderen weg te houden. De winter daarop was bitter koud, zoals gebruikelijk is in het uiterste noorden van het Indiase subcontinent, en de reus wenste dat de warmte spoedig terug zou keren. De lente arriveerde in het dorpje aan de voet van het kasteel, maar de ijzige klauwen van de winter weigerden de tuin uit zijn greep los te laten. Toen, op een dag, rook de reus eindelijk de geuren van de lente en hij voelde de stralen van de zon door zijn ruiten. "De lente is eindelijk gekomen!" riep hij uit, en hij rende de tuin in. Maar de reus was niet voorbereid op wat hem te wachten stond. De dorpskinderen waren er op de een of andere manier in geslaagd over de kasteelmuur te klimmen, en speelden in zijn tuin. Het was door hun aanwezigheid dat de tuin was veranderd van een winters kale vlakte in een weelderig begroeide plaats vol rozen, narcissen en orchideeën. Alle kinderen lachten van blijdschap, maar vanuit zijn ooghoek zag de reus aan de andere kant van de muur een jongen die veel kleiner was dan alle andere kinderen. De tranen liepen uit zijn ogen aangezien hij niet de kracht had om over de muur te klimmen. De reus voelde zich bedroefd om deze jongen en voor het eerst in zijn leven had hij spijt van zijn kwaadaardigheid. "Ik zal dit kind helpen," zei hij, en liep op hem af. Toen alle andere kinderen de reus aan zagen komen, renden ze weg, voor hun leven vrezend. Maar het kleine jongetje bleef staan. "Ik zal de reus verslaan," stamelde hij. "Ik zal onze speelplaats verdedigen." Toen de reus naderbij kwam, spreidde hij zijn armen. "Ik ben een vriend," zei hij. "Ik help je over de muur, de tuin in. Dit is ook jouw tuin." De kleine jongen, nu een held onder de kinderen, was dolblij en gaf de reus de gouden halsketting die hij altijd om zijn nek droeg. "Dit is mijn geluksteken," zei hij. "Ik wil het aan jou geven." Vanaf die dag speelden de kinderen met de reus in zijn prachtige tuin. Maar het dappere jongetje van wie de reus het meest hield, kwam nooit meer terug. Na een tijdje werd de reus ziek en zwak. De kinderen bleven in de tuin spelen, maar de reus had niet meer de kracht om hen gezelschap te houden. In die stille dagen was het de kleine jongen aan wie de reus het meest dacht.

Op een dag, midden in een bijzonder strenge winter, keek de reus eens uit het raam en hij zag iets wonderbaarlijk moois: hoewel de tuin voor het merendeel onder een laag sneeuw bedekt was, stond er in het midden een schitterende rozenstruik vol prachtige bloemen. Naast de rozen stond het jongetje van wie de reus zo hield. De jongen glimlachte vriendelijk. De reus danste van vreugde en rende naar buiten om het kind in zijn armen te sluiten. "Waar ben je al die jaren geweest, mijn jonge vriend? Ik heb je met heel mijn hart gemist." De jongen dacht even na voor hij antwoord gaf. "Vele jaren geleden heb je me over de muur getild, je wonderschone tuin in. Nu ben ik gekomen om je mee te nemen naar die van mij."

Later op de dag, toen de kinderen bij de reus kwamen, troffen ze hem levenloos op de grond aan. Hij was van top tot teen overdekt met duizenden prachtige rozen.

Toon altijd moed, John, zoals die kleine jongen. Blijf bij je standpunt en volg je dromen. Ze zullen je naar je bestemming voeren. Volg je bestemming, die zal je naar de wonderen van het universum voeren. En volg altijd de wonderen van het universum, want zij brengen je naar een bijzondere tuin, vol rozen.'

Toen ik naar Julian keek om hem te zeggen dat dit verhaal me diep had geroerd, zag ik iets wat me schokte; de door de wol geverfde advocaat, die het grootste deel van zijn leven had doorgebracht met het verdedigen van rijke en beroemde mensen, huilde.

Hoofdstuk 9 ✦ Samenvatting
JULIANS WIJSHEID IN EEN NOTENDOP

HET SYMBOOL

DE DEUGD Beoefen kaizen

DE WIJSHEID
✦ Zelfmeesterschap is het DNA van het levensmeesterschap
✦ Succes vanbuiten begint vanbinnen
✦ Verlichting is het gevolg van consequent werken aan je geest, lichaam en ziel

DE TECHNIEKEN
✦ Doe de dingen waar je bang voor bent
✦ De 10 eeuwenoude Rituelen voor een Stralend Leven

OM TE ONTHOUDEN *Het universum is met de dapperen. Wanneer je besluit je leven naar het hoogste niveau te tillen, zal de kracht van je ziel je naar een magische plaats vol schatten leiden.*

Hoofdstuk 10

De kracht van discipline

Ik weet zeker dat we vandaag ons lot meester zijn, dat de taak die ons wacht onze krachten niet te boven gaat; dat de moeite en inspanningen niet te veel zijn voor ons uithoudingsvermogen. Zolang we geloven in onze zaak en een onbedwingbare wil tot winnen hebben, zal de zege ons niet onthouden blijven.

Winston Churchill

Julian nam het sprookje van yogi Raman weer als uitgangspunt om zijn wijsheden aan me over te dragen. Ik had geleerd over de tuin van mijn geest, een opslagruimte vol mogelijkheden. Via het symbool van de vuurtoren had ik het overtuigende belang van een duidelijk omschreven levensdoel en de effectiviteit van doelen stellen leren inzien. Via het voorbeeld van de Japanse sumoworstelaar had ik iets geleerd over het tijdloze concept van kaizen en de weldaden die je te wachten staan wanneer je jezelf onder controle hebt. Ik had er geen idee van dat het beste nog moest komen.

'Je herinnert je zeker nog wel dat onze vriend de sumoworstelaar spiernaakt was.'

'Op dat roze koord over zijn edele delen na,' vulde ik aan.

'Juist,' zei Julian. 'Dat roze koord dient om je te herinneren aan de kracht die ontstaat wanneer je jezelf onder controle hebt, en de discipline die je moet opbrengen om een rijker, gelukkiger en meer verlicht leven te leiden. Mijn leermeesters in Sivana waren ongetwijfeld de gezondste, meest tevreden en serene mensen die ik ooit heb ontmoet. Ze waren ook het meest gedisciplineerd. Deze Wijzen hebben me geleerd dat de deugd van de zelfdiscipline een soort koord was. Heb je ooit echt de tijd genomen om een koord goed te bekijken, John?'

'Dat heeft nooit echt op mijn prioriteitenlijstje gestaan,' bekende ik met een grijns.

'Nou, kijk er dan maar eens naar. Je zult zien dat het bestaat uit heel veel dunne draadjes die in elkaar gedraaid zijn. Elk draadje op zich stelt weinig voor. Maar de som ervan is veel meer dan de delen afzonderlijk en dat maakt het koord zo sterk. Met beheersing over jezelf en wilskracht is het net zo. Om een ijzeren wil te ontwikkelen is het van het grootste belang heel kleine dingen te doen die samen zelfdiscipline vormen. Als je dit tot een routine maakt, produceren die kleine handelingen samen uiteindelijk een enorme innerlijke kracht. Misschien komt dit nog wel het beste tot uitdrukking in het oude Afrikaanse gezegde: "Als spinnenwebben samenwerken, sluiten ze een leeuw in." Als je je wilskracht ontwikkelt, word je meester over je eigen wereld. Wanneer je voortdurend de oude kunst beoefent van het zelfmeesterschap, is geen zee je meer te hoog en geen uitdaging meer te zwaar. Zelfdiscipline geeft je de geestelijke reserve die je nodig hebt om vol te houden wanneer het leven je een van zijn streken levert.

Ik moet je ook wijzen op het feit dat gebrek aan wilskracht een geestelijke kwaal is,' voegde Julian er tot mijn verbazing aan toe. 'Als je aan deze zwakheid lijdt, zorg dan dat je daar heel snel van af komt. Een flinke hoeveelheid wilskracht en discipline is een van de voornaamste attributen van iedereen met een sterk karakter en een mooi leven. Wilskracht geeft je de kans te doen wat je je hebt voorgenomen. Het is je wilskracht die het je mogelijk maakt 's ochtends om vijf uur op te staan en je geest te oefenen met meditatie, of om je diepste wezen op een koude winterdag met een wandeling in de bossen te voeden terwijl je warme bed lokt. Het is je wilskracht die je doet zwijgen wanneer een minder bewust persoon je beledigt of iets doet waarmee je het niet eens bent. Het is je wilskracht die je dromen naar voren schuift wanneer alles uitzichtloos lijkt. Het is je wilskracht die je de innerlijke kracht geeft je te houden aan je beloften tegenover anderen, en misschien nog wel belangrijker, tegenover jezelf.'

'Is het werkelijk zo belangrijk?'

'Zeker, mijn vriend. Het is de belangrijkste deugd van iedereen die een leven vol bezieling, kansen en vrede heeft.'

Julian haalde uit zijn gewaad een glanzend zilveren medaillon, zo een dat je wel eens op een expositie over het oude Egypte ziet.

'Dat had je nou niet moeten doen,' zei ik voor de grap.

'De Wijzen van Sivana hebben me dit gegeven op mijn laatste avond bij hen. Het was een vreugdevol, liefdevol feest van leden van een familie die alles uit het leven weten te halen. Het was een van de mooiste en een van de droevigste avonden van mijn leven. Ik wilde dat hemelse Sivana nog niet verlaten. Het was mijn gewijde plek, een oase van al het goede in de wereld. De Wijzen waren mijn spirituele broers en zusters geworden. Ik liet die avond een deel van mezelf in de Himalaya achter.' Julian was steeds zachter gaan praten.

'Wat staat er in het medaillon gegraveerd?'

'Hier, ik zal je het voorlezen. Vergeet het nooit, John. Deze woorden hebben me werkelijk geholpen in moeilijke tijden. Ik bid dat ze ook jou troost bieden als je het zwaar hebt. Dit staat er:

> Met ijzeren discipline zul je een karakter smeden dat rijk is aan moed en vrede. Door de deugd van de wil ben je voorbestemd om het hoogste levensniveau te bereiken en in een hemels verblijf te leven, vol van al het goede, vreugdevolle en levenslustige. Zonder die dingen ben je verloren als een schipper zonder kompas, die uiteindelijk met zijn schip ten onder gaat.

'Ik heb eigenlijk nooit echt nagedacht over hoe belangrijk het is jezelf meester te zijn, hoewel ik wel vaak gewenst heb dat ik meer discipline bezat,' gaf ik toe. 'Bedoel je dat ik discipline kan ontwikkelen, zoals mijn tienerzoon zijn biceps in de sportzaal ontwikkelt?'

'Dat is een uitstekende vergelijking. Je traint je wilskracht net zoals je zoon zijn lichaam traint met sport. Iedereen, hoe zwak of lusteloos ook, kan binnen betrekkelijk korte tijd zijn discipline ontwikkelen. Mahatma Gandhi is een goed voorbeeld. Wanneer de meeste mensen aan deze moderne heilige denken, zien ze een man voor zich die wekenlang zonder eten kon om te bereiken wat hij wilde, en de vreselijkste pijnen kon verdragen omwille van zijn overtuiging. Maar als je Gandhi's leven goed bestudeert, kom je erachter dat hij niet altijd een meester was in zelfbeheersing.'

'Je gaat me toch niet vertellen dat hij aan chocola verslaafd was?'

'Niet bepaald, John. Als jonge advocaat in het zuiden van Afrika had hij vaak last van onbeheerste uitbarstingen en de discipline van vasten en mediteren waren hem even vreemd als de eenvoudige witte lendendoek die later in zijn leven zijn handelsmerk werd.'

'Wil je zeggen dat ik, met de juiste combinatie van training en voorbereiding, qua wilskracht hetzelfde niveau zou kunnen bereiken als Mahatma Gandhi?'

'Ieder mens is anders. Een van de fundamentele principes die yogi Raman me leerde was dat werkelijk verlichte mensen nooit als anderen proberen te worden. Zij proberen eerder hun vroegere zelf te ontstijgen. Ga geen competitie aan met anderen. Neem het op tegen jezelf,' antwoordde Julian. 'Als je meester bent over jezelf, kun je de dingen doen die je altijd hebt willen doen. Voor jou is dat misschien trainen voor de marathon of wildwaterkanoën, of je baan opzeggen en kunstschilder worden. Waar je ook van droomt, of het nu materiële of spirituele rijkdom is, ik zal je er niet om veroordelen. Ik zal alleen maar zeggen dat al deze dingen binnen je bereik liggen wanneer je je sluimerende reserves aan wilskracht tot ontwikkeling brengt.'

Julian ging verder: 'Het ontwikkelen van je wilskracht en discipline geeft je ook een enorm gevoel van vrijheid. Alleen hiermee kun je dingen veranderen.'

'Wat bedoel je?'

'De meeste mensen zijn vrij. Ze kunnen gaan waar ze willen, en de dingen doen die ze graag willen. Maar te veel mensen zijn ook de slaaf van hun impulsen. Ze zijn re-actief geworden in plaats van proactief, wat inhoudt dat ze net als het schuim van de zee tegen de rotsen stoten, en meegaan met waar het getij hen brengt. Als ze thuis bij hun gezin zijn, en iemand van het werk belt in een crisis, stormen ze erop af, zonder er ook maar aan te denken wat er belangrijker is voor hun welzijn en levensdoel. Dus na alles wat ik in mijn leven heb gezien, zowel hier in het Westen als in het Oosten, kan ik zeggen dat zulke mensen een bepaald soort vrijheid missen. Ze missen het voornaamste aspect voor een zinvol, verlicht leven: de vrijheid om door de bomen nog het bos te zien, de vrijheid om voor het juiste te kiezen en niet voor wat er op dat moment dringend lijkt.'

Ik moest het wel eens zijn met Julian. Zeker, ik had weinig te klagen. Ik had een geweldig gezin, een fijn huis en een drukke praktijk als advocaat. Maar ik kon echt niet zeggen dat ik me vrij voelde. Mijn mobieltje hoorde net zo onlosmakelijk bij me als mijn rechterarm. Ik was altijd onderweg. Ik leek nooit tijd te hebben voor een goed gesprek met Jenny, en tijd voor mezelf in de nabije toekomst was even waarschijnlijk als de marathon van New York winnen. Hoe langer ik erover nadacht, hoe meer ik besefte dat ik zelfs op jonge leeftijd nooit echt had geproefd van de echte, onbegrensde vrijheid. Ik denk dat ik echt een slaaf was van mijn zwakkere impulsen. Ik deed altijd wat iedereen me opdroeg.

'En door mijn wilskracht te ontwikkelen, krijg ik de beschikking over meer vrijheid?'

'Vrijheid is als een huis: je moet het steen voor steen opbouwen. De eerste steen die je legt is wilskracht. Deze eigenschap geeft je de inspiratie om het juiste te doen, op elk willekeurig moment. Zij geeft je de energie om moed te betonen. Zij geeft je de mogelijkheid om het leven te leiden dat je je hebt voorgesteld in plaats van het leven te accepteren dat je hebt.'

Julian noemde ook de vele praktische voordelen die het ontwikkelen van zelfdiscipline met zich mee zou brengen.

'Geloof het of niet, maar het ontwikkelen van je wilskracht kan je bezorgdheid wegnemen, je gezond houden en je meer energie geven dan je ooit had. Weet je John, jezelf meester zijn is eigenlijk niets meer dan geestesbeheersing. De wil is de koning van de geestelijke vermogens. Wanneer je je geest in bedwang hebt, heb je je leven in bedwang. Geestelijk meesterschap begint bij het beheersen van iedere gedachte die je hebt. Wanneer je het vermogen hebt ontwikkeld om alle zwakke gedachten uit te bannen en je alleen op de positieve en goede gedachten te richten, volgen positieve en goede daden. En spoedig daarna trek je al het positieve en het goede naar je toe.

Neem dit voorbeeld. Stel dat een van je persoonlijke doelen is iedere ochtend om zes uur op te staan en een rondje door het park achter je huis te gaan rennen. Stel dat het nu midden in de winter is, en je wekker wekt je uit een diepe, rustige slaap. Je eerste impuls is die wekker uitzetten en je nog eens omdraaien. Misschien kun je je morgen wel aan je voornemen houden. Dit patroon gaat zo een paar dagen door tot je besluit dat je te oud bent om je manier van leven te veranderen en dat je doel onrealistisch was.'

'Je kent me wel heel goed,' erkende ik ernstig.

'Laten we nu van een ander scenario uitgaan. Het is nog steeds hartje winter. De wekker gaat af en je denkt erover in bed te blijven liggen. Maar in plaats van een slaaf te zijn van je oude gewoonten, ga je ze met sterkere gedachten te lijf. Je stelt je in gedachten voor hoe je eruitziet, hoe je je voelt en hoe je handelt wanneer je in een perfecte lichamelijke conditie bent. Je hoort de complimentjes van je collega's op kantoor wanneer je langs hen loopt met je slanke postuur. Je denkt aan alles wat je kunt gaan doen met de extra energie die je door regelmatig sporten krijgt. Geen avonden meer voor de televisie omdat je te moe bent voor iets anders na een lange dag in de rechtszaal. Je dagen worden getekend door levenslust, geestdrift en betekenis.'

'Maar stel dat ik dat doe, en dat ik dan toch nog liever weer onder de dekens zou kruipen dan dat ik ga joggen?'

'De eerste paar dagen zal het best moeilijk zijn en zul je het gevoel hebben dat je je oude gewoonten weer terug wilt. Maar yogi Raman geloofde heel sterk in een bijzonder tijdloos principe: het positieve overwint altijd het negatieve. Dus als je maar strijd blijft voeren tegen je zwakkere gedachten die door de jaren heen het fort van je geest zijn binnengeslopen, zullen ze uiteindelijk zien dat ze niet gewenst zijn en vertrekken als onwelkome bezoekers.'

'Wil je zeggen dat gedachten iets fysieks zijn?'

'Ja, en jij hebt alles over ze te vertellen. Het is net zo gemakkelijk om positieve gedachten te hebben als negatieve.'

'Waarom maken zoveel mensen zich dan zorgen en richten ze zich op alle negatieve informatie van deze wereld?'

'Omdat ze niet de kunst hebben geleerd van de zelfcontrole en het gedisciplineerd denken. De meeste mensen die ik heb gesproken, hebben er geen benul van dat ze macht hebben over iedere gedachte gedurende elke seconde van elke minuut van iedere dag. Zij geloven dat gedachten zich gewoon aandienen en hebben nooit beseft dat als je niet de tijd neemt om je gedachten onder controle te krijgen, zij de baas over jou spelen. Wanneer je je alleen op goede gedachten richt en slechte gedachten uitbant door middel van louter wilskracht, garandeer ik je dat ze heel snel in het niets verdwijnen.'

'Dus als ik de innerlijke kracht wil ontwikkelen om vroeger op te staan, minder te eten, meer te lezen, me minder zorgen te maken, geduldiger en liefdevoller te worden, hoef ik alleen maar mijn wil te trainen en mijn gedachten te zuiveren?'

'Wanneer je je gedachten onder controle hebt, heb je ook je geest onder controle. Heb je je geest onder controle, dan heb je je leven onder controle. En ben je zover dat je je leven volledig onder controle hebt, dan kun je je eigen lotsbestemming bepalen.'

Dit wilde ik horen. In de loop van deze vreemde doch inspirerende avond was ik na lang luisteren naar een topadvocaat die in een yogi veranderd was, van een sceptisch rechtskundig iemand geworden wiens ogen voor het eerst van zijn leven waren opengegaan. Ik wenste dat Jenny dit allemaal hoorde. Ik wilde zelfs dat mijn kinderen dit hadden kunnen horen. Ik wist dat het op hen net zo'n invloed zou hebben als op mij. Ik had altijd al een betere huisvader willen zijn, en intensiever willen leven, maar ik vond altijd dat ik het te druk had met al die vuurtjes blussen die zo dringend leken. Misschien was dat een zwakte, een gebrek aan zelfcontrole. Een onvermogen om het bos tussen de bomen door te zien. Het leven ging zo snel voorbij. Toen ik nog student was, was ik vol energie en enthousiasme en droomde van een politieke carrière of van een baan als rechter bij het hooggerechtshof. Maar in de loop der jaren was er een sleur ontstaan. Zelfs als verwaand pleiter vertelde Julian me al dat 'zelfgenoegzaamheid de dood is'. Hoe langer ik erover dacht, hoe meer ik besefte dat ik mijn honger was kwijtgeraakt. Dit was niet de honger naar een groter huis of een snellere auto. Dit ging veel dieper: het was honger naar een leven met meer betekenis, meer plezier en meer voldoening.

Ik begon te dagdromen terwijl Julian doorpraatte. Zonder te horen wat hij zei, zag ik mezelf eerst als man van vijftig en daarna van zestig. Zou ik dan nog steeds vastzitten in dezelfde baan met dezelfde mensen, en dezelfde strijd onder ogen moeten zien? Dat maakte me bang. Ik had altijd iets aan de wereld willen bijdragen en ik wist niet zeker of ik dat nu deed. Ik denk dat het op dat moment was, met Julian naast me op de vloer van mijn zitkamer op die benauwde zomeravond in juli, dat er iets in me veranderde. De Japanners noemen het *satori*, wat 'onmiddellijk ontwaken' betekent, en dat was het precies. Ik besloot mijn dromen te verwezenlijken en veel meer van mijn leven te maken. Dat was mijn eerste kennismaking met echte vrijheid, de vrijheid die voortkomt uit een beslissing om voor eens en altijd je leven en alles waaruit het bestaat in eigen hand te nemen.

'Ik zal je een formule aan de hand doen om je wilskracht te ontwikkelen,' zei Julian, die geen idee had van mijn innerlijke metamorfose. 'Wijsheid zonder de juiste gereedschappen om haar in praktijk te brengen is geen wijsheid.'

Hij ging door. 'Ik zou graag willen dat je iedere dag, op je werk, een paar eenvoudige woorden herhaalt.'

'Een van die mantra's waar je het over had?' vroeg ik.

'Inderdaad. Het is er een die al vijfduizend jaar lang bestaat, hoewel alleen de kleine groep monniken van Sivana ervan weet. Yogi Raman heeft me verteld dat ik door hem steeds te herhalen binnen een korte periode zelfcontrole en een ijzeren wilskracht kon ontwikkelen. Bedenk dat woorden heel veel invloed hebben. Woorden zijn de verbale belichaming van macht. Door je geest te voeden met woorden van hoop, word je hoopvol. Door je geest te vullen met woorden vol vriendelijkheid, word je vriendelijk. Door je geest te vullen met gedachten vol moed, word je moedig. Woorden hebben macht,' besloot Julian.

'Ik ben een en al oor.'

'Dit is de mantra die ik je aanraad ten minste dertig keer per dag uit te spreken: "Ik ben meer dan ik lijk, alle macht zit binnen in me." Het zal diepgaande veranderingen in je leven teweegbrengen. Voor een nog sneller resultaat moet je deze mantra combineren met het creatief visualiseren waar ik het al eerder over had. Ga bijvoorbeeld naar een rustig plekje. Ga daar zitten, met je ogen dicht. Laat je gedachten niet afdwalen. Houd je lichaam stil, want een zwakke geest laat zich kennen door een rusteloos lichaam. Herhaal nu de mantra hardop, steeds weer opnieuw. En terwijl je dit doet, stel je jezelf voor als een gedisciplineerd, sterk persoon, die zichzelf, zijn lichaam en geest, zijn hele wezen in bedwang heeft. Stel jezelf voor in de rol van Gandhi of moeder Teresa in een moeilijke situatie. Je zult verbijsterd staan over het resultaat,' beloofde hij.

'Dat is alles?' vroeg ik, stomverbaasd over de schijnbare eenvoud van deze formule. 'Kan ik over mijn volledige wilskracht beschikken door middel van deze simpele oefening?'

'Deze techniek wordt al eeuwenlang onderwezen door de spirituele meesters in het Oosten. Zij bestaat tot op heden nog, om één enkele reden: ze werkt. Oordeel zoals steeds naar het resultaat. En als je wilt – er zijn nog wat andere oefeningen om je wilskracht en je zelfdiscipline nog sterker te maken. Maar ik moet je waarschuwen, sommige doen op het eerste gezicht misschien een beetje vreemd aan.'

'Maar Julian, ik ben absoluut gefascineerd door wat ik heb gehoord. Je bent nu al zo ver, ga alsjeblieft door.'

'Goed. Het eerste wat je moet aanpakken is dingen doen waar je geen zin in hebt. Misschien is het voor jou niet meer dan 's ochtends je bed opmaken, of lopend naar je werk in plaats van met de auto. Door je te oefenen in het sterken van je wilskracht, ben je niet langer een slaaf van je zwakkere impulsen.'

'Dus het is pompen of verzuipen?'

'Precies. Om je wil en je innerlijke kracht te ontwikkelen, moet je ze ten eerste gebruiken. Hoe meer je dat kleine beetje zelfdiscipline traint en voedt, hoe sneller het groeit en je het gewenste resultaat oplevert. De tweede oefening is een van yogi Ramans favoriete. Hij zweeg soms hele dagen, behalve om op een rechtstreekse vraag te reageren.'

'Een soort zwijggelofte?'

'Precies, dat was het, John. De Tibetaanse monniken die dit invoerden, geloofden dat enige tijd zwijgen een positief effect had op je discipline.'

'Maar hoe dan?'

'In wezen train je door een hele dag te zwijgen je wil om te doen wat je hem opdraagt. Iedere keer dat de impuls tot spreken opkomt, druk je die bewust de kop in en je blijft zwijgen. Weet je, je wil heeft geen eigen geest. Hij wacht op instructies om in actie te komen. Hoe meer controle je erover hebt, hoe krachtiger hij wordt. Het probleem is dat de meeste mensen hun wilskracht niet gebruiken.'

'Hoe komt dat?'

'Waarschijnlijk omdat de meeste mensen denken dat ze die niet hebben. Ze geven iedereen en alles de schuld voor deze zwakheid, behalve zichzelf. Mensen met een slecht humeur zullen je willen wijsmaken: "Ik kan er niets aan doen, mijn vader was precies zo."

Mensen die zich te veel zorgen maken, vertellen je: "Het is niet mijn schuld, mijn baan bezorgt me te veel stress." En mensen die te veel slapen zeggen: "Wat kan ik eraan doen? Mijn lichaam heeft nu eenmaal tien uur slaap nodig." Zulke mensen ontbreekt het aan verantwoordelijkheid voor hun eigen doen en laten, die je krijgt wanneer je weet wat een enorme hoeveelheid vermogens er in elk van ons ligt te wachten. Als je kennismaakt met de tijdloze natuurwetten, die de werking van dit universum bepalen en alles wat daarin leeft, zul je ook weten dat het je geboorterecht is om alles te worden wat er in je zit. Je hebt het vermogen om meer te worden dan je omgeving. Evenzo heb je de capaciteiten om meer te worden dan een gevangene van je verleden. Maar daarvoor moet je meester worden over je eigen wil.'

'Dat is niet mis.'

'In feite is het een heel praktisch gegeven. Stel je voor wat je zou kunnen doen als je de wilskracht die je nu hebt, zou kunnen vertwee- of verdrievoudigen. Je zou dan aan die oefeningen kunnen beginnen waarvan je alleen nog maar gedroomd hebt; je zou veel efficiënter met je tijd kunnen omgaan; je zou je bezorgde houding voor eens en altijd kunnen laten varen; of je zou de ideale echtgenoot kunnen worden. Het gebruik van je wil geeft je ook de kans om het leven te leiden dat je volgens je eigen zeggen verloren denkt te hebben. Dat is een heel belangrijk punt om aandacht aan te schenken.'

'Dus het gaat erom mijn wilskracht regelmatig te oefenen?'

'Ja. Besluit de dingen te gaan aanpakken waarvan je weet dat je ze zou moeten doen, in plaats van de weg van de minste weerstand te kiezen. Ga de strijd aan met je slechte gewoonten en zwakkere impulsen, als een raket die de zwaartekracht tart om de hemel binnen te schieten. Zet jezelf ertoe aan. En kijk maar wat er na een paar weken gebeurt.'

'En de mantra helpt daarbij?'

'Ja. Door steeds de mantra die ik je heb gegeven te herhalen, samen met het dagelijks visualiseren van je ideale zelfbeeld, zou je enorm gesteund worden bij het creëren van het gedisciplineerde, op principes gebaseerde leven waarin je je dromen kunt verwezenlijken. En je hoeft de wereld niet in één dag te veranderen. Begin klein. Een lange reis begint altijd met de eerste stap. We groeien ook met kleine stukjes tegelijk. Zelfs wanneer je jezelf traint om een uur eerder op te staan en je aan die gewoonte te houden, vijzel je je zelfvertrouwen op en krijg je de kracht om tot hogere niveaus te komen.'

'Ik zie het verband niet,' moest ik erkennen.

'Kleine overwinningen leiden tot grote overwinningen. Je moet klein beginnen om het grote te bereiken. Als je een simpel voornemen, zoals iedere dag vroeger opstaan, blijft uitvoeren, krijg je voldoening die voortkomt uit het feit dat je een prestatie levert. Je hebt een doel gesteld en je hebt dat doel gehaald. Dat voelt goed. De kunst is om steeds hoger te mikken en je normen bij te stellen. Hierdoor komt die magische eigenschap van momentum vrij die je motiveert om je oneindig potentieel te blijven verkennen. Houd je van skiën?' vroeg Julian opeens.

'Ik ben er dol op,' zei ik. 'Jenny en ik gaan wanneer we maar kunnen met de kinderen de bergen in, helaas is dat niet al te vaak, tot haar ongenoegen.'

'Juist. Stel je eens voor hoe het is wanneer je je afzet vanaf de top van de heuvel. Eerst ga je langzaam. Maar binnen een minuut vlieg je met een sneltreinvaart omlaag. Klopt dat?'

'Noem mij maar een ninja-skiër. Ik ben dol op die snelheid!'

'En hoe komt het dat je zoveel snelheid maakt?'

'Door mijn gestroomlijnde figuur?' grapte ik.

Julian lachte. 'Momentum zul je bedoelen. Momentum is ook het geheim bij het ontwikkelen van zelfdiscipline. Zoals ik al zei, je begint in het klein, of dat nu betekent dat je iets eerder opstaat, iedere avond een blokje omloopt of zelfs maar de tv uitzet als je genoeg hebt gezien. Dit soort kleine overwinninkjes leveren het momentum dat je prikkelt om grotere stappen op de weg naar je hoogste zelf te nemen. Spoedig doe je dingen waarvan je niet eens wist dat je ze kon, met een kracht en energie die je niet voor mogelijk had gehouden. Het is een prachtig proces, John, werkelijk waar. En dat roze koord in dat sprookje van yogi Raman zal je altijd herinneren aan de kracht van je wil.'

Op het moment dat Julian zijn gedachten over het onderwerp discipline onthulde, zag ik de eerste zonnestralen de kamer binnenvallen, het duister verdringend als een kind dat een dekentje van zich af schuift. Dit wordt een prachtige dag, dacht ik. De eerste dag van de rest van mijn leven.

Hoofdstuk 10 ✧ Samenvatting
JULIANS WIJSHEID IN EEN NOTENDOP

HET SYMBOOL

DE DEUGD   Leef met discipline

DE WIJSHEID
- ✧ Discipline krijg je door kleine dingen te blijven doen die moed vergen
- ✧ Hoe meer je de kiem van de zelfdiscipline voedt, hoe groter die wordt
- ✧ Wilskracht is de belangrijkste deugd voor een volledig bewust leven

DE TECHNIEKEN
- ✧ Mantra's / Creatief visualiseren
- ✧ De Zwijggelofte

OM TE ONTHOUDEN *Bestrijd de zwakkere gedachten die het fort van je geest zijn binnengeslopen. Ze zullen inzien dat ze niet gewenst zijn en als onwelkome bezoekers vertrekken.*

Hoofdstuk 11

Het hoogste goed

Een goed geordend tijdsschema is de duidelijkste aanwijzing voor een goed geordende geest.

Sir Isaac Pitman

'Weet je wat zo vreemd is aan het leven?' vroeg Julian.
'Vertel.'
'Tegen de tijd dat de meeste mensen erachter komen wat ze werkelijk willen en hoe ze dat kunnen bereiken, is het gewoonlijk te laat. Het gezegde "jong geleerd, oud gedaan" bevat veel waarheid.'
'Heeft dat te maken met de stopwatch in het verhaal van yogi Raman?'
'Ja. Die naakte reus van een sumoworstelaar met dat roze koord over zijn edele delen hangt een glanzend gouden stopwatch om die iemand in die prachtige tuin heeft laten liggen.'
Nu besefte ik dat yogi Ramans mystieke verhaal niets meer inhield dan een aantal geheugensteuntjes met de bedoeling om Julian mij de elementen van zijn eeuwenoude filosofie voor een verlicht leven bij te laten brengen, terwijl het hem er op zijn beurt ook aan hielp herinneren. Ik vertelde hem wat ik dacht.
'Aha, het zesde zintuig van een advocaat. Je hebt volkomen gelijk. De methoden van mijn wijze leermeester leken op het eerste gezicht vreemd, en ik had moeite te begrijpen wat dit verhaal te betekenen had, net zoals jij je afvroeg waar ik het over had toen ik het aan jou vertelde. Maar ik moet je zeggen, John, alle zeven elementen in dit verhaal, van de tuin en de naakte sumoworstelaar tot de gele rozen en het pad vol diamanten, waar ik zo dadelijk op kom, herinneren aan de wijsheid die ik in Sivana heb opgedaan. De tuin houdt mijn aandacht gericht op inspirerende gedachten, de vuurtoren herinnert me eraan dat het levensdoel een doelgericht leven is, en dat roze koord herinnert me aan de wonderen van de wilskracht. Er gaat geen dag

voorbij zonder dat ik aan het sprookje denk en de principes die yogi Raman me heeft bijgebracht.'

'En waarvoor staat die glanzend gouden stopwatch precies?'

'Het is een symbool voor ons belangrijkste goed: de tijd.'

'En positief denken en doelen stellen en zelfmeesterschap dan?'

'Dat is allemaal niets zonder de tijd. Ongeveer zes maanden nadat ik van die prachtige plek in Sivana mijn tijdelijke woonplaats had gemaakt, kwam een van de Wijzen naar mijn rozenhut waar ik zat te studeren. Haar naam was Divea. Ze was een verbazingwekkend mooie vrouw met inktzwart haar tot over haar middel, en met haar lieve, zachte stem vertelde ze me dat zij de jongste was van alle Wijzen daar in die geheime schuilplaats in de bergen. Ze zei ook dat ze op instructie van yogi Raman naar mij toe was gekomen, die haar had verteld dat ik de beste leerling was die hij ooit had gehad.

"Misschien komt het door alle pijn die je in je vroegere leven hebt gehad, dat je nu onze wijsheid met open hart in je op kunt nemen," meende ze. "Als jongste van onze gemeenschap is mij gevraagd je een geschenk te brengen. Het is van ons allemaal, en we bieden het je aan als een teken van ons respect voor jou, die van zo ver bent gekomen om onze manier van leven te leren. Je hebt ons in geen enkel opzicht veroordeeld of onze tradities belachelijk gemaakt. En hoewel je hebt besloten ons binnen enkele weken weer te verlaten, zijn we je als een van de onzen gaan beschouwen. Geen enkele buitenstaander heeft ooit gekregen wat ik je nu ga geven."'

'En wat was het?' vroeg ik vol ongeduld.

'Divea haalde iets uit een zelfgesponnen katoenen tas en gaf dat aan mij. Gewikkeld in geurig papier zat iets wat ik nooit van mijn leven zou hebben verwacht. Het was een miniatuur-zandloper van glas, en een klein stukje sandelhout. Toen Divea mijn gezicht zag, vertelde ze me dat elk van de Wijzen als kind zo'n instrumentje had gekregen. "Hoewel we geen bezit kennen en een puur, eenvoudig leven leiden, respecteren we de tijd en merken we het verglijden ervan op. Deze zandlopertjes dienen om ons dagelijks te herinneren aan onze sterfelijkheid en het belang om intensief te leven en onze dagen productief te maken terwijl we steeds dichter bij ons doel komen."'

'Dus de monniken in de hoogste regionen van de Himalaya hielden de tijd bij?'

'Elk van hen begreep het belang van tijd. Ze hadden wat ik noem een "tijdsbewustzijn" ontwikkeld. Weet je, ik heb geleerd dat tijd door je handen glipt als korrels zand, en nooit meer terugkomt. Degenen die vanaf hun jonge jaren tijd op verstandige wijze gebruiken, worden beloond met een rijk, productief en bevredigend leven. Degenen die nooit kennisgemaakt hebben met het principe "tijd onder controle hebben is je leven onder controle hebben", zullen nooit hun enorme menselijk potentieel beseffen. Tijd is de grote hefboom. Of we nu geluk of pech hebben, of we nu in Texas of in Tokio wonen, we hebben allemaal dagen van maar vierentwintig uur. Wat degenen die een buitengewoon leven leiden onderscheidt van de "anderen" is de manier waarop ze die tijd gebruiken.'

'Ik heb mijn vader weleens horen zeggen dat de mensen die het meest doen, de meeste tijd overhouden. Wat vind je daarvan?'

'Ben ik het mee eens. Productieve, actieve mensen zijn zeer efficiënt – dat moeten ze wel zijn om te kunnen overleven. Iemand die heel goed zijn tijd indeelt hoeft niet per se een workaholic te worden. Integendeel, als je goed met je tijd omgaat, houd je meer tijd over om de dingen te doen die je graag doet, de dingen die echt zinvol voor je zijn. Goed met tijd om kunnen gaan, leidt tot een goede manier om je leven te leiden. Houd de tijd goed in de gaten. Bedenk wel, tijd komt nooit terug.

Laat ik een voorbeeld geven,' opperde Julian. 'Stel dat je op maandagochtend een agenda vol met afspraken, vergaderingen en rechtszaken hebt. In plaats van dat je zoals gewoonlijk om halfzeven opstaat, gauw een slok thee naar binnen slaat, je naar je werk haast en daarna een dag vol stress tegemoet gaat waarin je achter jezelf aan holt, zou je de avond ervoor zo'n vijftien minuten kunnen besteden aan je planning. Of, nog effectiever, stel dat je op je rustige zondagavond een uurtje uittrekt om je hele week te plannen. In je agenda schrijf je dan op wanneer je je cliënten ontvangt, wanneer je je onderzoekswerkzaamheden moet uitvoeren en wanneer je mensen moet terugbellen. En ook je persoonlijke, sociale en spirituele doelen voor die week noteer je in je agenda. Deze eenvoudige handeling is het geheim van een evenwichtig leven. Door alle belangrijke aspecten van je leven in een dagelijks schema in te passen, zorg je ervoor dat je week en je leven een bepaalde betekenis en rust behouden.'

'Je wilt me nu toch niet aanraden om tijdens mijn drukke werkzaamheden het park in te lopen of te mediteren?'

'Welzeker. Waarom houd je zo star vast aan je gewoonten? Waarom denk je toch dat je alles op dezelfde manier moet doen als anderen? Loop je eigen wedstrijd. Waarom zou je niet een uur eerder beginnen zodat je halverwege de ochtend even heerlijk het park tegenover je kantoor in kunt lopen? Of waarom zou je niet een paar uur extra werk plannen aan het begin van de week, zodat je op vrijdag met je kinderen eens naar de dierentuin kunt? Of waarom zou je niet twee dagen thuis kunnen gaan werken, zodat je je gezin vaker ziet? Ik wil alleen maar zeggen dat je je week en je tijd creatief kunt indelen. Breng de discipline op om je prioriteiten een kans te geven. De meest zinvolle dingen in je leven mogen niet worden opgeofferd aan de minder belangrijke dingen. En denk eraan, mislukken in het plannen is plannen maken voor mislukking. Door niet alleen je afspraken met anderen te noteren, maar ook de belangrijkste afspraken met jezelf om te lezen, je te ontspannen of een liefdesbrief naar je vrouw te schrijven, ga je veel productiever met je tijd om. Vergeet nooit dat tijd die je doorbrengt met het verrijken van je niet-arbeidsuren nooit verloren is. Hierdoor word je veel efficiënter in je arbeidstijd. Stop met dat leven in vakjes en begrijp voor eens en altijd dat alles wat je doet een ondeelbaar geheel vormt. De manier waarop je thuis handelt, heeft invloed op de manier waarop je je op je werk gedraagt. De manier waarop je mensen op kantoor behandelt, heeft invloed op je gedrag tegenover je gezin en vrienden.'

'Daar ben ik het helemaal mee eens, Julian, maar ik heb echt geen tijd om er midden op de dag tussenuit te breken. Ik werk momenteel zelfs 's avonds. Mijn agenda is tegenwoordig echt overvol.' Terwijl ik dit zei, voelde ik mijn maag samentrekken, alleen al bij de gedachte aan de hoeveelheid werk die ik moest verstouwen.

'Het druk hebben is geen excuus. Waar het werkelijk om gaat is, waarmee ben je dan zo druk? Een van de beste regels die ik van die wijze oude man heb geleerd is dat tachtig procent van de resultaten die je in je leven bereikt slechts voor twintig procent voortkomt uit de activiteiten die je tijd in beslag nemen. Yogi Raman noemde dit de Oude Regel van Twintig.'

'Ik geloof niet dat ik je kan volgen.'

'Goed. Laten we nog eens teruggaan naar die drukke maandag. Van 's ochtends vroeg tot 's avonds laat breng je misschien je tijd door met van alles: van cliënten bellen en pleidooien opstellen tot je kinderen voorlezen voor ze naar bed gaan of een spelletje schaak met je vrouw – mee eens?'

'Mee eens.'

'Maar van alle honderden activiteiten waaraan je je tijd besteedt, levert slechts twintig procent echt blijvend resultaat op. Slechts twintig procent van wat je doet, heeft invloed op je levenskwaliteit. Dit zijn de "high-impact"-activiteiten. Denk je bijvoorbeeld dat over tien jaar de tijd die je roddelend bij het koffieapparaat hebt doorgebracht, lunchend in een zaal vol rook of tv-kijkend nog telt?'

'Nee, niet echt.'

'Juist. Dan ben ik er zeker van dat je ook vindt dat er een aantal activiteiten is die wél blijven tellen.'

'Je bedoelt tijd die ik aan het ontwikkelen van mijn rechtskennis heb besteed, of aan het verbeteren van mijn relaties met mijn cliënten en om een efficiënter advocaat te worden?'

'Ja, en tijd die je besteedt om je relatie met Jenny en de kinderen te verbeteren. Tijd die te maken heeft met de natuur en waaruit dankbaarheid spreekt voor alles waarvan je het geluk hebt gehad het te ontvangen. Tijd om je geest te verfrissen, je lichaam en je wezen. Dit zijn nog maar een paar van de high-impact-activiteiten die je in staat stellen het leven te leiden dat je verdient. Richt al je tijd op activiteiten die belangrijk zijn. Verlichte mensen geven prioriteiten voorrang. Dat is het geheim van het onder controle hebben van tijd.'

'Wauw. Heeft yogi Raman je dat allemaal geleerd?'

'Ik ben een leerling van het leven geworden. Yogi Raman was absoluut een geweldige, inspirerende leermeester, en ik zal hem dan ook nooit vergeten. Maar alle lessen die ik uit mijn verschillende ervaringen heb geleerd zijn nu op hun plaats gevallen, als stukjes in een grote legpuzzel die me de weg naar een beter leven wijzen.'

Julian ging door: 'Ik hoop dat je leert van mijn vroegere fouten. Sommige mensen leren van de fouten die anderen hebben gemaakt. Dat zijn de Wijzen. Anderen hebben het gevoel dat je pas echt iets kunt leren van een persoonlijke ervaring. Zulke mensen verdragen onnodig pijn en ellende in hun leven.'

Ik had als advocaat heel wat seminars over tijdmanagement gevolgd. Toch had ik nooit eerder de filosofie gehoord waarover Julian nu sprak. Tijdmanagement was niet gewoon iets om je op kantoor mee bezig te houden en na je werk weer te vergeten. Het was een holistisch systeem dat elk onderdeel van mijn leven meer in evenwicht kon brengen, als ik het goed toepaste. Ik leerde dat ik, door mijn dagen te plannen en tijd uit te trekken om een evenwichtig tijdmanagement toe te passen, niet alleen veel productiever zou worden – maar ook veel gelukkiger.

'Dus het leven is eigenlijk een vette reep spek,' peinsde ik hardop. 'Je moet het vlees van het vet scheiden om meester te worden over je tijd.'

'Heel juist. Dat heb je goed gezien. En hoewel mijn vegetarische inslag me iets anders vertelt, vind ik het een heel goede vergelijking die de spijker op de kop slaat. Wanneer je je tijd en je waardevolle geestelijke energie op het vlees richt, hoef je geen tijd te verspillen aan het vet. Op dit punt verander je je leven van iets gewoons in iets heel bijzonders. Dan zorg je werkelijk dat er iets gebeurt, en dat de deuren van de tempel der verlichting voor je openzwaaien.

En dat brengt me bij iets anders. Laat anderen geen tijd van je stelen. Pas op voor dieven. Dit zijn de mensen die je altijd bellen wanneer je net de kinderen naar bed hebt gebracht en je je in je lievelingsstoel hebt genesteld om dat spannende boek te lezen waar je al zoveel over hebt gehoord. Dat zijn de mensen die op kantoor bij je langs wippen als je midden op de dag net een paar minuten voor jezelf hebt om op adem te komen en je gedachten te ordenen. Komt dit je bekend voor?'

'Zoals gewoonlijk heb je weer helemaal raak geschoten, Julian. Ik denk dat ik altijd te welopgevoed ben geweest om ze te verzoeken weg te gaan of mijn deur dicht te laten,' bekende ik.

'Je kunt niet duidelijk genoeg zijn wat je tijd betreft. Leren nee te zeggen tegen de kleine dingen in het leven, geeft je de kracht om ja te zeggen tegen de grote dingen. Sluit de deur van je kantoor als je een paar uur nodig hebt om aan grote zaken te werken. Denk aan wat ik je heb gezegd. Neem niet iedere keer de telefoon op. Hij is er voor jouw gemak, niet voor dat van anderen. Ironisch genoeg zullen mensen je meer respecteren als ze merken dat je iemand bent die zijn tijd hoog schat. Ze zullen beseffen dat jouw tijd je dierbaar is en daar zullen ze dan ook naar handelen.'

'En dingen uitstellen? Maar al te vaak blijf ik voor me uit schuiven wat ik niet graag doe, en in plaats daarvan zit ik dan onbelangrijke post te lezen of vakbladen door te bladeren. Is dat geen tijd doden?'

'"Tijd doden" is heel juist geformuleerd. Goed, het is de mens eigen om iets te doen wat hij graag doet, en niet aan te pakken waar hij geen zin in heeft. Maar zoals ik al eerder zei, de meest productieve mensen in deze wereld hebben zich de gewoonte eigen gemaakt om de dingen te doen die minder productieve mensen niet graag doen, ook al staan zij ook niet te popelen om die aan te pakken.'

Ik moest even diep nadenken over wat ik zojuist had gehoord. Misschien was uitstellen wel niet mijn probleem. Misschien was mijn leven gewoon te complex geworden. Julian zag mijn denkrimpel.

'Yogi Raman vertelde me dat degenen die meester zijn over hun tijd, een eenvoudig leven leiden. Een overhaast tempo is niet wat de natuur bedoeld heeft. Hoewel hij er sterk in geloofde dat blijvend geluk alleen te bereiken is door degenen die effectief handelen en duidelijk doelen voor zichzelf stellen, hoeft volgens hem een leven vol vervulling en inhoud niet het gevolg te zijn van het opofferen van je gemoedsrust. Dat vond ik zo fascinerend aan die wijze uitspraak. Ik kon dus productief zijn en toch aan mijn spirituele wensen tegemoetkomen.'

Ik begon mezelf nu meer aan Julian bloot te geven. 'Jij bent altijd eerlijk en recht door zee tegen me geweest, dus dat zal ik ook tegenover jou zijn. Ik wil mijn praktijk en mijn huis en mijn auto niet opgeven om meer geluk en voldoening te krijgen. Ik houd van mijn speeltjes en de materiële dingen die ik heb verdiend. Het zijn beloningen voor alle uren dat ik door de jaren heen gewerkt heb, sinds wij elkaar leerden kennen. Maar ik voel me leeg – werkelijk waar. Ik heb je verteld waarvan ik droomde toen ik nog rechten studeerde. Er is zoveel meer dat ik met mijn leven zou kunnen doen. Je weet dat ik bijna veertig ben, en ik ben nog nooit naar de Grand Canyon geweest, of naar de Eiffeltoren. Ik heb nog nooit door de woestijn gelopen of op een mooie zomerdag op een kalm meer gepeddeld. Ik heb zelfs nooit mijn sokken en schoenen uitgetrokken om op blote voeten door het park te lopen en daar naar de lach van mijn kinderen en het geblaf van honden te luisteren. Ik kan me niet eens herinneren wanneer ik voor het laatst alleen ben gaan wandelen in de sneeuw, alleen maar om naar de geluiden te luisteren en van de gewaarwordingen te genieten.'

'Dan moet je je leven vereenvoudigen,' raadde Julian me vol medeleven aan. 'Pas het oude Ritueel van de Eenvoud toe op ieder aspect van je leven. Door dat te doen zul je veel meer tijd krijgen om van alle wonderen te genieten. Een van de meest tragische dingen die je kunt doen, is je leven uitstellen. Te veel mensen dromen liever van een betoverende rozentuin aan de horizon dan dat ze er achter hun huis zelf een aanleggen. Wat een tragedie.'

'Kun je nog suggesties geven?'

'Dat laat ik aan je eigen verbeeldingskracht over. Ik heb de strategieën die ik van de Wijzen heb geleerd aan je overgebracht. Ze kunnen wonderen verrichten als je de moed hebt om ze toe te passen. O ja, dat herinnert me aan iets anders dat ik doe om te zorgen dat mijn leven rustig en eenvoudig verloopt.'

'En dat is?'

'Ik doe 's middags graag even een dutje. Dat houdt me energiek, fris en jeugdig. Je zou kunnen zeggen dat ik mijn schoonheidsslaapje nodig heb,' zei Julian lachend.

'Schoonheid is nooit een van je sterkste punten geweest.'

'Maar gevoel voor humor wel een van de jouwe, en dat waardeer ik in je. Denk altijd aan de kracht van de lach. Net als muziek is het een geweldig medicijn voor alle stress en spanning van het leven. Yogi Raman heeft het heel raak geformuleerd toen hij zei: "De lach opent je hart en kalmeert je ziel. Niemand zou het leven zo serieus moeten nemen dat hij vergeet om zichzelf te lachen."'

Julian wilde hierover nog een laatste gedachte kwijt. 'Misschien is het wel het belangrijkste dat je niet langer leeft alsof je nog vijfhonderd jaar te gaan hebt. Toen Divea me dat zandlopertje bracht, gaf ze me daarbij een raad die ik nooit zal vergeten.'

'Wat zei ze dan?'

'Ze zei dat het beste moment om een boom te planten veertig jaar geleden was. Het op een na beste moment is vandaag. Verspil geen enkele minuut van je dag. Ontwikkel de sterfbedmentaliteit.'

'Pardon?' vroeg ik, verbijsterd door Julians formulering. 'Wat is de sterfbedmentaliteit?'

'Dat is een nieuwe manier om je leven te bekijken, een krachtiger model zo je wilt, een dat je eraan herinnert dat vandaag de laatste dag van je leven kan zijn, dus maak er het beste van.'

'Klinkt een beetje morbide, als je het mij vraagt. Het herinnert me aan de dood.'

'In feite is het een filosofie over het leven. Wanneer je er een sterfbedmentaliteit op nahoudt, leef je iedere dag alsof het je laatste is. Stel je voor dat je iedere dag wakker wordt en jezelf de eenvoudige vraag stelt: "Wat zou ik vandaag doen als het mijn laatste dag was?" En bedenk daarna hoe je je tegenover je gezin zou gedragen, tegenover je collega's en zelfs tegenover onbekenden. Denk na over hoe productief en opgewonden je je zou voelen als je uit ieder ogenblik het beste zou halen. Alleen de sterfbedvraag kan je leven veranderen. Het geeft je dagen meer elan en het geeft iets extra's aan alles wat je doet. Je zult je richten op alle zinvolle dingen die je ooit hebt uitgesteld, en niet langer tijd verdoen met al die luttele zaken die je in het moeras van crisis en chaos hebben getrokken.'

Julian ging door. 'Dwing jezelf om meer te doen, meer te ervaren. Bewaar je energie om je dromen te verwezenlijken. Ja, verwezenlijk je dromen. Neem geen genoegen met een middelmatig bestaan wanneer je over zo eindeloos veel mogelijkheden beschikt in het fort van je geest. Heb de moed om je grootsheid wakker te schudden. Dat is je geboorterecht!'

'Gespierde taal.'

'Er is nog meer. Er bestaat een eenvoudige remedie om de vloek der frustratie te verbreken die zoveel mensen kwelt.'

'Mijn kopje is nog steeds leeg,' zei ik zacht.

'Doe alsof mislukking onmogelijk is, en je succes is verzekerd. Wis iedere gedachte aan het niet-bereiken van je doelen uit, of die nu materieel zijn of spiritueel. Wees dapper en stel geen grenzen aan de werking van je verbeeldingskracht. Wees nooit een gevangene van je verleden. Word de bouwmeester van je toekomst. Je zult nooit meer dezelfde zijn.'

Met het ontwaken van de stad en het tot bloei komen van de ochtend begon mijn leeftijdloze vriend de eerste tekenen van vermoeidheid te vertonen na een nacht waarin hij zijn kennis had overgebracht aan een leergierige leerling. Ik was verbijsterd over Julians uithoudingsvermogen, zijn tomeloze energie en zijn grenzeloze enthousiasme. Hij sprak niet alleen over de dingen waarin hij geloofde – hij handelde er ook naar.

'We komen bij het eind van yogi Ramans sprookje, en we naderen het tijdstip waarop ik je moet verlaten,' zei hij vriendelijk. 'Ik heb veel te doen en ik moet nog met veel mensen praten.'

'Ga je je partners vertellen dat je bent teruggekomen?' vroeg ik, mijn nieuwsgierigheid niet langer verbergend.

'Ik denk het niet,' zei Julian. 'Ik ben nu zo anders dan de Julian Mantle die zij kennen. Ik denk niet meer hetzelfde, ik draag niet meer dezelfde kleding, ik doe niet langer dezelfde dingen. Ik ben in mijn diepste wezen veranderd. Ze zouden me niet herkennen.'

'Je bent echt een ander mens geworden,' beaamde ik, in mezelf grinnikend toen ik in gedachten deze mystieke monnik in de traditionele gewaden van Sivana in de knalrode Ferrari uit zijn vroegere leven zag stappen.

'Een ander wezen is misschien juister uitgedrukt.'

'Ik zie het verschil niet,' moest ik bekennen.

'Er bestaat in India een oude zegswijze: "Wij zijn geen menselijke wezens die een spirituele ervaring hebben. We zijn spirituele wezens die een menselijke ervaring hebben." Ik begrijp nu mijn rol in het universum. Ik zie wat ik voorstel. Ik ben niet langer in de wereld. De wereld is in mij.'

'Daar moet ik nog eens goed over nadenken,' zei ik in alle eerlijkheid, niet goed begrijpend wat Julian bedoelde.

'Natuurlijk, dat begrijp ik, mijn vriend. Er zal een tijd komen dat mijn woorden je duidelijk zijn. Als je de principes waarover ik je heb verteld volgt en de technieken die ik je heb meegedeeld toepast, zul je zeker verder komen op het pad der verlichting. Je zult de kunst leren om jezelf meester te worden. Je zult zien wat je leven werkelijk voorstelt: een klein stipje op het grote doek van de eeuwigheid. En je zult duidelijk zien wie je bent en wat het uiteindelijke doel van je leven is.'

'En dat is?'

'Dienen, natuurlijk. Hoe groot je huis ook is of hoe snel je auto ook rijdt, het enige wat je aan het eind van je leven mee kunt nemen is je geweten. Luister naar je geweten. Laat je erdoor leiden. Je geweten weet wat goed is. Het zal je vertellen dat je roeping in het leven uiteindelijk onbaatzuchtige dienstverlening aan anderen is, in wat voor vorm ook. Dat heeft mijn persoonlijke ontdekkingsreis me geleerd. Nu heb ik zoveel anderen om te verzorgen, te dienen en te helen. Mijn missie is om de aloude wijsheid van de Wijzen van Sivana onder al diegenen te verspreiden die het moeten horen. Dat is mijn doel.'

Het vuur der kennis had Julians geest aangewakkerd – dat was duidelijk te zien, zelfs voor een niet-verlicht persoon als ik. Hij was zo vol bezieling, zo begaan en zo enthousiast in wat hij wilde zeggen, dat het zelfs in zijn fysieke verschijning tot uitdrukking kwam. Zijn metamorfose van een ziekelijke oude pleiter in een vitale, jonge adonis was niet het gevolg van een eenvoudige verandering van eetgewoonten en een dagelijkse hoeveelheid oefeningen. Nee, het was een heel ander wondermiddel dat Julian in die hoge, majestueuze bergen gevonden had. Hij had het geheim gevonden waar mensen altijd naar op zoek zijn. Het was meer dan het geheim van de eeuwige jeugd, voldoening of zelfs geluk. Julian had het geheim van het Zelf ontdekt.

Hoofdstuk 11 ✧ Samenvatting
JULIANS WIJSHEID IN EEN NOTENDOP

HET SYMBOOL

DE DEUGD Respecteer de tijd

DE WIJSHEID
- ✧ Tijd is je hoogste goed, en onvervangbaar
- ✧ Richt je op je prioriteiten en bewaar het evenwicht
- ✧ Vereenvoudig je leven

DE TECHNIEKEN
- ✧ De aloude Regel van 20
- ✧ Durf 'NEE' te zeggen
- ✧ De sterfbedmentaliteit

OM TE ONTHOUDEN *De tijd glipt door je handen als korrels zand, en komt nooit meer terug. Zij die van jongs af aan verstandig gebruikmaken van hun tijd, worden beloond met een rijk, productief en bevredigend leven.*

Hoofdstuk 12

Het ultieme levensdoel

Alles wat leeft, leeft niet alleen, niet voor zichzelf.
William Blake

'De Wijzen van Sivana waren niet alleen de jeugdigste mensen die ik ooit heb ontmoet,' merkte Julian op, 'het waren ook, zonder enige twijfel, de vriendelijkste mensen.

Yogi Raman heeft me verteld dat wanneer hij als kind niet kon slapen, zijn vader zachtjes zijn met rozen beklede hut binnenkwam en hem vroeg welke goede daden hij die dag had gedaan. Geloof het of niet, maar als hij zei dat hij geen enkele goede daad gedaan had dan moest hij van zijn vader opstaan om alsnog iets onbaatzuchtigs te doen voor een ander.'

Julian ging verder. 'Een van de belangrijkste van alle deugden voor een verlicht leven die ik je kan noemen, John, is deze: wat je ook hebt gepresteerd, hoeveel vakantiehuizen je ook bezit, hoeveel auto's er ook op je inrit staan: de kwaliteit van je leven komt neer op de kwaliteit van je eigen bijdrage.'

'Heeft dat iets te maken met de gele rozen uit het sprookje?'

'Zeker. De bloemen herinneren je aan het oude Chinese gezegde, "Aan de hand die je de roos schenkt, blijft altijd wat van de geur hangen." De betekenis is duidelijk – als je iets doet voor anderen, doe je indirect ook iets voor je eigen leven. Wanneer je je inzet om dagelijks iets vriendelijks voor anderen te doen, wordt je eigen leven rijker en zinvoller. Om iedere dag gewijd te houden, moet je anderen op een of andere manier dienen.'

'Wil je daarmee zeggen dat ik vrijwilligerswerk zou moeten gaan doen?'

'Dat is een prima uitgangspunt. Maar wat ik bedoel is veel filosofischer. Wat ik wil zeggen, is dat je een nieuw criterium hanteert voor je rol op deze planeet.'

'Nu kan ik je weer even niet volgen. Verklaar het begrip criterium eens nader. Ik weet niet goed wat je daarmee bedoelt.'

'Wat ik bedoel is simpelweg een manier om naar een bepaalde situatie of naar het leven in het algemeen te kijken. Sommigen beschouwen het levensglas als halfleeg. Optimisten zien het als halfvol. Zij vertalen dezelfde situatie anders omdat ze van een ander criterium uitgaan. Een criterium is in wezen de lens waardoor je naar de gebeurtenissen in je leven kijkt, zowel binnen jezelf als buiten jezelf.'

'Dus als jij me aanraadt een criterium te hanteren voor mijn doel, bedoel je dan dat ik mijn visie erop zou moeten veranderen?'

'Zoiets. Om je levenskwaliteit drastisch te verbeteren, moet je op een andere manier naar de reden gaan kijken waarom je op aarde bent. Je moet beseffen dat je, net zoals je met niets op deze aarde bent gekomen, je haar ook met niets zult verlaten. Omdat dit zo is, kan er slechts één echte reden zijn voor je bestaan alhier.'

'En dat zou zijn?'

'Jezelf aan anderen geven en een zinvolle bijdrage leveren,' antwoordde Julian. 'Ik bedoel niet dat je geen speeltjes mag hebben of dat je je praktijk eraan moet geven of je leven aan minderbedeelden moet wijden, hoewel ik onlangs mensen heb ontmoet die dit tot hun volste tevredenheid zijn gaan doen. Onze wereld bevindt zich te midden van een grote verandering. Mensen handelen in geld om iets te betekenen. Advocaten die mensen altijd beoordeelden naar de inhoud van hun portemonnee, beoordelen mensen nu naar hun mate van betrokkenheid bij anderen, naar de grootte van hun hart. Leraren verlaten hun veilige plekje om bij te dragen aan de intellectuele ontplooiing van behoeftige kinderen in de achterstandswijken van steden. Mensen hebben de roep tot verandering gehoord. Mensen beseffen dat ze hier zijn met een doel, en dat ze speciale talenten hebben ontvangen waarmee ze dat doel kunnen verwezenlijken.'

'Wat voor speciale talenten?'

'Precies die waarover ik de hele avond al praat: een grote hoeveelheid geestelijke capaciteiten, grenzeloze energie, onbeperkte creativiteit, discipline en een bron van rust. Het gaat er gewoon om deze schatten vrij te maken en toe te passen voor het belang van de gemeenschap.'

'Dat kan ik volgen. En hoe kun je daar iets goeds mee doen?'

'Ik bedoel alleen dat je eerst en vooral je wereldbeeld zult moeten veranderen zodat je jezelf niet langer als een individu ziet maar als deel van het geheel.'

'En zo kan ik vriendelijker en milder worden?'

'Besef dat het meest edelmoedige wat je kunt doen is: aan anderen geven. De Wijzen uit het Oosten noemen dit het proces van "alle belemmeringen van je af schudden". Het gaat erom dat je minder met jezelf bezig bent, en je op een hoger doel richt. Dit zou de vorm kunnen aannemen van meer aan je omgeving geven, zoals bij voorbeeld tijd of energie: dit zijn je twee meest waardevolle middelen. Het zou ook een vorm kunnen aannemen waarin je een jaar onbetaald verlof neemt om bij arme mensen te gaan werken, of iets minder spectaculairs, zoals een paar auto's voor laten gaan tijdens een verkeersopstopping. Het klinkt misschien wat afgezaagd, maar er is één ding dat ik heb geleerd en dat is dat je leven iets magisch krijgt als je probeert iets moois van de wereld te maken. Yogi Raman heeft gezegd dat we bij onze geboorte huilen terwijl de wereld juicht. Hij opperde dat we ons leven zo zouden moeten leiden dat de wereld huilt wanneer we sterven, maar dat wij juichen.'

Ik wist dat Julian nu iets belangrijks zei. Een van de dingen die me aan het advocatenwerk begon te storen, was dat ik niet echt het gevoel had dat ik alles gaf wat ik in me had. Zeker, ik had het voorrecht gehad om een aantal zaken te doen waaruit veel goeds was voortgekomen. Maar justitie was meer een zakelijke aangelegenheid voor me dan werk waarin mijn hart lag. Tijdens mijn studie was ik een idealist, zoals veel van mijn jaargenoten. Met een kop koude koffie en oudbakken pizza's op onze kamer hadden we plannen gesmeed om de wereld te veranderen. We waren nu bijna twintig jaar verder, en mijn vurige verlangen om iets wezenlijks te veranderen, is nu een vurig verlangen om mijn hypotheek af te betalen en voor mijn oude dag te zorgen. Ik besefte voor het eerst sinds lange tijd dat ik mezelf in een burgerlijk cocon had gesponnen dat me tegen de maatschappij beschermde en waaraan ik gewend geraakt was.

'Ik zal je een oud verhaal vertellen dat je wel zal raken,' ging Julian verder. 'Er was eens een oud, verzwakt vrouwtje wier echtgenoot stierf. Zij nam daarop haar intrek bij haar zoon en zijn vrouw en dochter. Iedere dag werden de ogen en oren van de vrouw slechter. Op sommige dagen beefden haar handen zo erg dat de doperwten van haar bord rolden en de soep uit haar beker trilde. Haar zoon en zijn vrouw konden niet verhullen dat ze zich ergerden aan de rommel die ze maakte en op een dag zeiden ze dat het nu genoeg geweest was. Dus zetten ze een tafeltje voor de oude vrouw in een hoekje bij de bezemkast, en daar brachten ze haar haar maaltijden. Ze keek onder het eten met betraande ogen naar hen, aan de andere kant van de kamer, maar ze zeiden nauwelijks iets tegen haar, behalve om haar uit te foeteren als ze haar lepel of vork liet vallen.

Op een avond, vlak voor het avondeten, zat het dochtertje op de vloer met haar blokken te spelen. "Wat ga je bouwen?" vroeg haar vader. "Ik maak een klein tafeltje voor jou en mamma," zei ze, "zodat jullie als ik later groot ben daar in een hoekje aan kunnen eten." De vader en moeder bleven heel lang stil. Toen begonnen ze te huilen. Op dat moment werden ze zich bewust van wat ze hadden gedaan en wat een droefenis dit tot gevolg had gehad. Die avond lieten ze de oude vrouw weer haar oude plekje aan de grote eettafel innemen, en vanaf die dag at ze weer alle maaltijden met hen samen. En als er wat op de grond viel, vond niemand dat erg.

In dit verhaal waren de ouders geen slechte mensen,' zei Julian. 'Ze hadden alleen een vonkje bewustzijn nodig om hun kaars van mededogen aan te steken. Mededogen en een vriendelijk gebaar geven het leven veel meer inhoud. Neem de tijd om iedere ochtend te mediteren over wat voor goeds je die dag voor anderen zult doen. De oprechte loftuitingen voor wie ze het minst verwacht, de hartelijke gebaren jegens vrienden die ze nodig hebben, de kleine blijk van genegenheid voor je gezin, zonder een speciale reden, dat alles maakt je leven veel mooier. En nu we het over vriendschap hebben, zorg dat je daar constant aan blijft werken. Iemand die drie echte vrienden heeft, is heel rijk.'

Ik knikte.

'Vrienden brengen humor, bekoring en schoonheid in het leven. Weinig dingen werken verjongender dan een echte schaterbui met een oude vriend. Vrienden zorgen dat je bescheiden blijft als je zelfgenoegzaam wordt. Vrienden maken je aan het lachen wanneer je jezelf te serieus neemt. Goede vrienden helpen je als het leven je een hak zet en alles er somberder uitziet dan het in werkelijkheid is. Toen ik nog een drukbezet advocaat was, had ik geen tijd voor vrienden. Nu ben ik, op jou na, alleen, John. Ik heb niemand om lange wandelingen mee door het bos te maken wanneer iedereen veilig in zijn cocon van zachte sluimer zit. Wanneer ik een prachtig boek heb gelezen dat me diep geraakt heeft, heb ik niemand met wie ik daarover kan praten. En ik heb niemand die het met me deelt wanneer de zon op een prachtige herfstdag mijn hart verwarmt en me met vreugde vervult.'

Julian herstelde zich snel. 'Maar spijt is niet iets waarvoor ik tijd heb. Ik heb geleerd van mijn leermeesters in Sivana dat "voor een verlicht mens iedere zonsopgang een nieuwe dag is".'

Ik had Julian altijd beschouwd als een bovenmenselijke zwaardvechter in de rechtszaal, die de argumenten van zijn tegenstanders doorkliefde zoals een karatebeoefenaar dat met dikke boeken doet. Ik zag nu dat de man die ik zoveel jaren geleden had leren kennen, in een heel ander persoon was veranderd. De man die voor me zat was mild, vriendelijk en rustig. Hij leek zich zeker te voelen van zichzelf en van de rol die hij in het leven speelde. Als geen ander leek hij de pijn uit zijn verleden als een wijze, oude leermeester te kunnen bekijken en tegelijkertijd besefte hij heel goed dat zijn leven veel meer was dan de som van voorbije gebeurtenissen.

Julians ogen schitterden vol verwachting voor wat er nog zou komen. Ik werd meegevoerd door dezelfde verrukking over de wonderen van deze wereld, en meegetrokken in zijn ongebreidelde levensvreugde. Het scheen me toe dat Julian Mantle, de keiharde, nietsontziende topadvocaat, inderdaad van een menselijk wezen dat zich om niemand bekommerde, was veranderd in een spiritueel wezen dat zich het lot van anderen aantrok. Misschien was dit de weg die ik ook zou gaan.

Hoofdstuk 12 ✧ Samenvatting
JULIANS WIJSHEID IN EEN NOTENDOP

HET SYMBOOL	
DE DEUGD	Onbaatzuchtig anderen dienen
DE WIJSHEID	✧ De kwaliteit van je leven komt uiteindelijk neer op de kwaliteit van je eigen bijdrage ✧ Leef om te geven, om iedere dag tot een gewijde dag te maken ✧ Door het leven van anderen te verlichten, bereikt je eigen leven de hoogste dimensie
DE TECHNIEKEN	✧ Oefen je iedere dag in vriendelijkheid ✧ Geef aan de mensen die erom vragen ✧ Houd je relaties in ere
OM TE ONTHOUDEN	*Het edelmoedigste wat je kunt doen is geven aan anderen. Richt je op je hogere doel.*

Hoofdstuk 13

Het tijdloze geheim van een leven lang gelukkig zijn

*Wanneer ik het wonder van de zonsondergang
of de schoonheid van de maan aanschouw,
groeit mijn aanbidding voor de Schepper.*
Mahatma Gandhi

Er waren al twaalf uur verstreken sinds Julian bij mij thuis was gekomen om me te vertellen over de wijsheid die hij in Sivana had opgedaan. Die twaalf uren waren, zonder twijfel, de belangrijkste uit mijn leven. Plotseling voelde ik me opgetogen, gemotiveerd en ja, zelfs bevrijd. Julian had mijn kijk op het leven fundamenteel veranderd met het sprookje van yogi Raman en de tijdloze deugden die daarin waren vertegenwoordigd. Ik besefte dat ik nog niet eens begonnen was met het onderzoeken van de grenzen van mijn kunnen. Ik had de gaven die het leven dagelijks op mijn pad had gestrooid verspild. Door Julians wijsheid had ik enig idee gekregen hoe ik de wonden kon laten helen die me af hielden van een leven vol vrolijkheid, energie en vervulling waarvan ik wist dat ik het verdiende. Ik voelde me ontroerd.

'Ik ga er zo meteen vandoor. Jij hebt verplichtingen en ik moet aan mijn eigen werk,' zei Julian verontschuldigend.

'Mijn werk kan wachten.'

'Het mijne niet,' zei hij met een glimlach. 'Maar voor ik vertrek, moet ik je het laatste element onthullen uit het sprookje van yogi Raman. Je zult je de sumoworstelaar herinneren die vanuit de vuurtoren midden in een prachtige tuin liep, met niets meer dan een roze koord over zijn edele delen, waarna hij een glanzend gouden stopwatch omhing en ter aarde stortte. Na wat een eeuwigheid leek, kwam hij eindelijk weer tot bewustzijn toen de heerlijke geur van de gele rozen zijn neus bereikte. Toen sprong hij overeind, verrukt en verbaasd bij het zien van een lang, slingerend pad dat bezaaid was met diamantjes. Natuurlijk volgde onze vriend de worstelaar dit pad en daardoor leefde hij nog lang en gelukkig.'

'Heel aannemelijk,' zei ik met een grijns.

'Yogi Raman had een levendige fantasie, dat ben ik met je eens. Maar je hebt gemerkt dat dit verhaal een doel heeft en dat de principes die het symboliseert niet alleen krachtig, maar ook zeer praktisch zijn.'

'Inderdaad,' stemde ik vol overtuiging in.

'Het pad met diamanten dient dan ook om je te herinneren aan de laatste goede deugd voor een verlicht leven. Door dit principe tijdens je dagelijkse bezigheden in het achterhoofd te houden, zul je je leven verrijken op een manier die ik moeilijk kan beschrijven. Je zult de wonderen in de eenvoudigste dingen gaan zien, en het extatische leven leiden dat je verdient. En door je belofte aan mij te houden en alles met anderen te delen, zul je ook anderen in staat stellen van hun gewone wereld iets buitengewoons te maken.'

'Duurt het lang voordat ik dat heb geleerd?'

'Het principe zelf is opvallend gemakkelijk te begrijpen. Maar voor je het doeltreffend kunt toepassen, ben je wel een paar weken flink bezig.'

'Goed, ik sterf zowat van nieuwsgierigheid.'

'Grappig dat je dat zegt, want de zevende en laatste deugd gaat over het leven. De Wijzen van Sivana meenden dat je alleen een echt vreugdevol en bevredigend leven ten deel kan vallen via een proces dat ze "in het nu leven" noemden. Deze yogi's wisten dat het verleden het water onder de brug, en de toekomst een verre zon aan de horizon van je fantasie is. Het belangrijkste moment is het nu. Leer in het heden te leven en het ten volle te genieten.'

'Ik begrijp precies wat je zegt, Julian. Ik schijn het meest van mijn tijd door te brengen met piekeren over voorbije zaken waar ik niets meer aan kan veranderen, of met zorgen over toekomstige gebeurtenissen die zich nooit voordoen. Mijn geest zit altijd vol met een miljoen kleine gedachtetjes die me een miljoen verschillende kanten op trekken. Het is echt heel frustrerend.'

'Waarom?'

'Omdat ik er doodmoe van word! Ik heb gewoon geen gemoedsrust. Maar ik heb wel momenten gekend dat mijn geest zich volledig bezighield met alleen maar wat er op dat moment voor me lag. Vaak gebeurde dit wanneer ik onder druk een juridische instructie moest opstellen, en ik geen tijd had om aan iets anders te denken. Ik heb die concentratie ook gekend toen ik voetbalde met de jongens, en ik echt wilde winnen. De uren leken dan minuten. Het was dan net alsof alleen nog maar telde wat ik op dat moment deed. Al het andere, alle zorgen, de rekeningen, de advocatuur, was niet van belang. Nu ik eraan denk, waren dit waarschijnlijk de momenten dat ik me het rustigst voelde.'

'Als je met iets bezig bent dat je aandacht helemaal opeist, is dat zeker de weg naar persoonlijke voldoening. Maar wat je vooral moet onthouden is dat geluk een reis is, geen bestemming. Leef voor vandaag – een dag als deze komt nooit meer,' zei Julian, en sloeg zijn soepele handen in elkaar alsof hij met een dankgebed zijn bewering wilde staven.

'Is dat het principe dat het pad met diamanten in het verhaal van yogi Raman symboliseert?' vroeg ik.

'Ja,' luidde het korte antwoord. 'Net als de sumoworstelaar eeuwige voldoening en vreugde vond door over het pad met diamanten te gaan, kun jij het leven krijgen dat je verdient op het moment dat je gaat inzien dat het pad waarop je nu loopt al vol diamanten en andere kostbaarheden ligt. Besteed niet langer tijd aan het najagen van de grote genoegens in het leven terwijl je de kleine over het hoofd ziet. Neem wat gas terug. Geniet van de schoonheid en de gewijde staat van alles om je heen. Dat ben je aan jezelf verschuldigd.'

'Bedoel je dat ik niet langer grote doelen moet stellen voor mijn toekomst en me moet concentreren op het heden?'

'Nee,' zei Julian nadrukkelijk. 'Zoals ik al eerder zei, zijn doelen en dromen over de toekomst essentieel voor een echt succesvol leven. Door je toekomstverwachting kom je iedere ochtend uit je bed en blijf je de hele dag geïnspireerd. Doelen geven je energie. Wat ik bedoel is alleen maar dit: stel nooit je geluk uit omwille van het presteren. Stel nooit dingen uit die belangrijk zijn voor je welzijn en voldoening. Vandaag is het moment om ten volle te leven, en niet pas wanneer je de loterij wint of met pensioen gaat. Stel je leven nooit uit!'

Julian stond op en begon heen en weer te lopen door de kamer als een doorgewinterd advocaat die zijn laatste argumenten in een bezield betoog naar voren brengt. 'Houd jezelf niet voor de gek met gedachten dat je een liefhebbender echtgenoot zult worden wanneer je advocatenkantoor een paar jongere advocaten in dienst neemt om de last te verlichten. Houd jezelf niet voor de gek door te geloven dat je meer zult gaan doen aan je ontwikkeling, lichaamsverzorging en geestverrijking wanneer je bankrekening hoog genoeg is en je je meer vrije tijd kunt permitteren. Vandaag is de dag om de vruchten te plukken van je inspanningen. Vandaag is de dag om het moment te grijpen en een leven te leiden dat steeds beter wordt. Vandaag is de dag om je te laten leiden door je verbeeldingskracht en je dromen. En vergeet alsjeblieft nooit het geschenk van het gezinsleven.'

'Ik weet niet precies wat je bedoelt, Julian.'

'Beleef de jeugd van je kinderen mee,' luidde het eenvoudige antwoord.

'Hè?' vroeg ik verbluft over deze schijnbare tegenstelling.

'Weinig dingen zijn zo zinvol als deel uitmaken van de kinderjaren van je kinderen. Wat heeft het voor zin om de ladder van het succes te beklimmen als je de eerste paar stapjes van je eigen kinderen niet hebt meegemaakt? Wat heeft het voor zin het grootste huis uit de buurt te bezitten als je geen tijd hebt om er een thuis van te maken? Wat heeft het voor zin om als topadvocaat in het hele land beroemd te zijn als je kinderen hun eigen vader nauwelijks kennen?' vroeg Julian, met een stem die trilde van emotie. 'Ik weet waar ik het over heb.'

Zijn laatste opmerking deed me iets. Wat ik van Julian wist was dat hij een topadvocaat was geweest die zich in de hoogste kringen bewoog. Zijn romantische escapades met fotomodellen waren bijna even legendarisch als zijn bekwaamheden in de rechtszaal. Hoe kon deze ex-miljonair en playboy weten wat het is om vader te zijn? Wat kon hij weten van de dagelijkse worstelingen die ik meemaakte om alles te kunnen zijn voor iedereen, een goede vader, en een succesvol advocaat? Maar Julian voelde mijn twijfels al aan.

'Ik weet wel iets over de zegeningen die we kinderen noemen,' zei hij zacht.

'Maar ik dacht altijd dat jij de meest begeerde vrijgezel van de stad was voordat je de handdoek in de ring wierp en je praktijk eraan gaf.'

'Voordat ik klem kwam te zitten in de illusie van die snelle, waanzinnige levensstijl waarom ik zo bekend was, was ik getrouwd, zoals je weet.'

'Ja.'

Hij wachtte even, als een kind dat op het punt staat zijn beste vriendje een goed bewaard geheim te vertellen. 'Wat je niet weet is dat ik ook een dochtertje heb gehad. Het was het liefste, schattigste schepseltje dat ik ooit in mijn leven heb gezien. Maar toentertijd was ik in veel opzichten zoals jij toen we elkaar pas ontmoetten: verwaand, ambitieus en vol verwachtingen. Ik had alles wat men zich maar kon wensen. Iedereen zei dat ik een briljante toekomst had, een verbluffend mooie vrouw en een prachtige dochter. Maar juist toen het leven zo perfect leek, werd het me allemaal in één enkel ogenblik afgenomen.'

Voor het eerst sinds zijn terugkeer drukte Julians vreugdevolle gelaat nu een en al droefheid uit. Een traan rolde langzaam over een van zijn gebronsde wangen tot op de fluwelige stof van zijn robijnrode gewaad. Ik was sprakeloos en voelde me gegrepen door zijn onthulling.

'Je hoeft niet verder te gaan, Julian,' begon ik vol mededogen, en sloeg mijn arm in een troostend gebaar om zijn schouders.

'Maar dat doe ik wel, John. Van alle mensen die ik in mijn vroegere leven kende, ben jij het meest belovend. Zoals ik al zei, je doet me in veel opzichten aan mezelf denken toen ik jong was. Zelfs nu het je nog zo voor de wind gaat. Maar als je op deze manier door blijft gaan, steven je op een ramp af. Ik ben hiernaartoe teruggekomen om je te laten zien dat er zoveel wonderen op je liggen te wachten, zoveel momenten om van te genieten.

De dronken chauffeur die mijn dochter op die zonovergoten oktobermiddag heeft doodgereden, heeft niet alleen het leven van een van mijn geliefden beëindigd – maar van ons allebei. Na de dood van mijn dochtertje stortte ik in. Ik begon al mijn tijd op kantoor door te brengen, in de dwaze hoop dat mijn carrière de pijn enigszins kon verzachten. Soms sliep ik zelfs op de bank in mijn kantoor, bang om naar huis te gaan waar zoveel goede herinneringen lagen. En terwijl mijn carrière een vlucht nam, was het binnen in me één grote wanorde. Mijn vrouw, die vanaf mijn studie een onafscheidelijke kameraad was geweest, ging bij me weg, en dat wakkerde mijn werkobsessie alleen nog maar verder aan. Mijn gezondheid ging achteruit en ik kwam in een spiraal terecht waarin ik het beruchte leven leidde op het moment dat ik jou leerde kennen. Natuurlijk, ik had alles wat er te koop was. Maar ik verkocht er mijn ziel voor, echt.' Julians stem was nog vol emotie.

'Dus als je zegt: "Beleef de kindertijd van je kinderen," bedoel je dat ik de tijd moet nemen om ze te zien opgroeien en opbloeien. Is dat het?'

'Zelfs vandaag nog, zevenentwintig jaar nadat ze ons verliet terwijl we haar naar het verjaarspartijtje van haar beste vriendinnetje reden, zou ik er alles voor over hebben om mijn dochter weer te horen giechelen of in de achtertuin verstoppertje met haar te spelen. Ik zou haar in mijn armen willen houden en haar gouden haren strelen. Ze heeft met haar dood een stukje van mijn hart meegenomen. En hoewel mijn leven een nieuwe betekenis heeft gekregen sinds ik in Sivana de weg naar verlichting en controle over mezelf heb gevonden, gaat er geen dag voorbij zonder dat ik in mijn diepste herinnering het blozende gezichtje van mijn meisje zie. Jij hebt zulke geweldige kinderen, John. Zorg dat je het bos door de bomen blijft zien. Het beste wat je je kinderen kunt geven, is je liefde. Leer ze weer kennen. Laat ze zien dat ze veel belangrijker voor je zijn dan alles wat je met je werk verdient. Voor je het weet zijn ze weg om hun eigen leven te leiden en een gezin te stichten. Dan is het te laat, dan is er geen tijd meer voor.'

Julian had een gevoelige snaar in me geraakt. Ik denk dat ik al een tijd wist dat mijn werkverslaving de hechte band met mijn gezin langzaam maar zeker verstoorde. Maar het was als een smeulende sintel die langzaam tot ontbranding zou komen voor hij de volledige draagwijdte liet zien van zijn destructieve gevolgen. Ik wist dat mijn kinderen me nodig hadden, ook al zouden ze me dat niet zeggen. Ik moest dit van Julian horen. De tijd verstreek en zij groeiden zo snel. Ik kon me niet herinneren wanneer Andy en ik voor het laatst zaterdags voor dag en dauw waren vertrokken om op het favoriete plekje van zijn grootvader te gaan vissen. Er was een tijd dat we ieder weekend gingen. Nu leek het alsof dit gekoesterde ritueel in andermans verleden had plaatsgevonden.

Hoe langer ik erover nadacht, hoe meer het me deed. Pianospelen, spelletjes met kerst, sportwedstrijden waren allemaal ingewisseld voor mijn maatschappelijke succes.

Waar was ik mee bezig? vroeg ik me af. Ik gleed inderdaad de glibberige helling af waar Julian het over had gehad. En op dat moment besloot ik te veranderen.

'Het geluk is een reis,' vervolgde Julian, wiens stem weer bezield raakte door hartstocht. 'Het is ook een keuze die je maakt. Je kunt je vergapen aan de diamanten op de weg of je kunt alle dagen verder rennen, op jacht naar die aanlokkelijke pot met goud aan het eind van de regenboog, die uiteindelijk leeg blijkt te zijn. Geniet van de speciale momenten die iedere dag je biedt, want vandaag heb je, meer niet.'

'Kan iemand leren om "in het nu te leven"?'

'Welzeker. In wat voor omstandigheden je je ook bevindt, je kunt leren genieten van het geschenk van het leven, en je bestaan vullen met de juwelen uit het dagelijks leven.'

'Maar is dat niet wat al te optimistisch bekeken? Hoe zit dat dan met iemand die net alles heeft verloren door een verkeerde zakentransactie. Stel dat zo iemand niet alleen financieel aan de grond zit, maar ook emotioneel?'

'De hoogte van je bankrekening en de afmetingen van je huis hebben niets te maken met een leven vol vreugde en verwondering leiden. De wereld barst van de ongelukkige miljonairs. Denk je dat de Wijzen die ik in Sivana heb ontmoet een gevulde portemonnee en een huis in Zuid-Frankrijk belangrijk vonden?' vroeg Julian schalks.

'Oké, ik begrijp wat je bedoelt.'

'Er is een enorm verschil tussen veel geld verdienen en iets van je leven maken. Wanneer je begint iedere dag vijf minuten aan de kunst van het dankbaar zijn te besteden, cultiveer je de rijkdom van het leven waarnaar je op zoek bent. Zelfs degene over wie je het in je voorbeeld had, kan een overvloed aan dingen vinden om dankbaar voor te zijn, ondanks zijn financiële debacle. Vraag hem of hij nog wel een goede gezondheid geniet, of hij zijn liefhebbende gezin en zijn goede naam heeft behouden. Vraag hem of hij nog blij is dat hij een dak boven zijn hoofd heeft. Misschien heeft hij geen andere pluspunten dan een uitzonderlijk hoge arbeidsprestatie en het vermogen om mooi te dromen. Toch zijn er nog waardevolle dingen waarvoor hij dankbaar hoort te zijn. We hebben allemaal zoveel om dankbaar voor te zijn. Zelfs de vogels die buiten zingen op zo'n prachtige zomerdag kunnen in de ogen van een wijs mens een geschenk zijn. Vergeet niet, het leven geeft je niet altijd waar je om vraagt, maar wel altijd wat je nodig hebt.'

'Dus door dagelijks dankbaar te zijn voor alles wat ik heb, in materieel of spiritueel opzicht, kan ik de gewoonte ontwikkelen om in het nu te leven?'

'Ja. Dat is een doeltreffende methode om je leven meer inhoud te geven. Als je geniet van "het nu" wakker je het vuur van je leven aan waardoor je verder kunt groeien naar je bestemming.'

'Naar mijn bestemming groeien?'

'Ja. Ik zei je al eerder dat we allemaal bepaalde talenten hebben meegekregen. Iedereen op deze planeet is een genie.'

'Dan ken je vast sommigen van mijn collega's niet.'
'Iedereen,' zei Julian nadrukkelijk. 'We kunnen allemaal wel iets. Je talent komt daarin naar voren, en het geluk stroomt je leven binnen op het moment dat je je hogere doel ontdekt en je al je energie daarop richt. Als je eenmaal weet wat die missie is, of dat nu een goed leraar worden is of een creatief kunstenaar, al je wensen worden zonder moeite vervuld. Je hoeft er niet eens je best voor te doen. En trouwens, hoe meer je je best doet, hoe langer het duurt voor je je doelen bereikt. Volg liever gewoon het pad van je dromen, in de volle verwachting van de overvloed die je ten deel zal vallen. Dit brengt je bij je goddelijke bestemming. Dat bedoelde ik met naar je bestemming groeien,' zei Julian filosofisch.

'Toen ik nog jong was, las mijn vader me graag het sprookje "Peter en de Toverdraad" voor. Peter was een heel levendig jongetje. Iedereen was dol op hem: zijn familie, zijn onderwijzers en zijn vrienden. Maar hij had één zwak punt.'

'En dat was?'

'Peter kon nooit in het nu leven. Hij had niet geleerd van het moment te genieten. Als hij op school was, droomde hij over buiten spelen. Als hij buiten speelde, droomde hij over de zomervakantie. Peter dagdroomde voortdurend, en nam nooit de tijd om van de speciale momenten te genieten die zijn dagen vulden. Op een ochtend liep Peter in een bos, vlak bij zijn huis. Omdat hij moe was, besloot hij op het gras uit te rusten, en daar doezelde hij in. Toen hij nog maar een paar minuten lag te slapen, hoorde hij iemand zijn naam roepen. "Peter! Peter!" riep een schrille stem van boven. Toen hij zijn ogen langzaam opendeed, zag hij tot zijn verbazing een bijzondere vrouw boven zich. Ze leek wel meer dan honderd jaar, en haar sneeuwwitte haar reikte tot over haar schouders, als een deken. In haar gerimpelde hand had de vrouw een kleine toverbal met een gaatje in het midden waaruit een lange, gouden draad hing.'

"Peter," zei ze, "dit is je levensdraad. Als jij er even aan trekt, gaat een uur voorbij in seconden. Als je wat harder trekt, gaan hele dagen voorbij in minuten. En als je uit alle macht trekt, verstrijken er maanden – zelfs jaren – in dagen." Peter werd heel opgewonden bij dit vooruitzicht. "Zou ik dat mogen hebben?" vroeg hij. De oude vrouw gaf de bal met de toverdraad aan de kleine jongen.

De volgende dag zat Peter in de klas en hij voelde zich rusteloos en verveeld. Plotseling dacht hij aan zijn nieuwe speelgoed. Toen hij de gouden draad een klein stukje uittrok, was hij ineens in de tuin bij hem thuis aan het spelen. Toen hij de kracht van de toverdraad besefte, werd Peter het schoolgaan al gauw zat en wilde hij een tiener worden, met alle opwinding die deze levensfase met zich meebrengt. Dus haalde hij de bal weer te voorschijn en hij trok aan de gouden draad.

Plotseling was hij een tiener met een heel knap vriendinnetje, genaamd Elise. Maar Peter was nog niet tevreden. Hij had nooit geleerd van het moment te genieten en om de eenvoudige wonderen van iedere levensfase te ervaren. Dus trok hij weer aan de draad, en de jaren flitsten voorbij. Nu was hij een volwassene van middelbare leeftijd. Elise was nu zijn vrouw en Peter werd omringd door een huis vol kinderen. Maar Peter merkte ook iets anders op. Zijn eens zwarte haar was grijs aan het worden. En zijn eens jeugdige moeder van wie hij zo innig had gehouden, was nu oud en broos. Maar Peter kon nog steeds niet op het moment zelf leven. Hij had nooit geleerd "in het nu" te leven. Dus weer trok hij aan de toverdraad en hij wachtte op wat er zou gebeuren.

Peter was nu een oude man van negentig. Zijn dikke zwarte haar was wit als sneeuw geworden en zijn mooie jonge vrouw Elise was overleden. Zijn prachtige kinderen waren groot en leidden hun eigen leven. Voor het eerst in zijn hele leven besefte Peter dat hij niet de tijd had genomen om van de wonderen van het leven te genieten. Hij was nooit met zijn kinderen gaan vissen, en hij had nooit met Elise een wandeling in het maanlicht gemaakt. Hij had nooit een tuin aangelegd of de mooie boeken gelezen die zijn moeder zo graag las. In plaats daarvan was hij door het leven gesneld, zonder ooit te kijken naar al het goede dat hem overkwam.

Peter werd heel bedroefd toen hij dit ontdekte. Hij besloot naar het bos te gaan waar hij als jongen altijd wandelde, om zijn gedachten te ordenen en zijn wezen te verwarmen. Toen hij in het bos kwam, zag hij dat de dunne stammetjes uit zijn jeugd in machtige eiken waren veranderd. Het bos was uitgegroeid tot een waar paradijs. Hij ging liggen op het gras en viel in een diepe slaap. Al na een minuut hoorde hij iemand roepen: "Peter! Peter!" Verbaasd keek hij op en zag niemand anders dan de oude vrouw die hem zoveel jaren eerder de bal met de toverdraad had gegeven.

"En, wat vond je van mijn bijzondere geschenk?" vroeg ze.

Peters antwoord was duidelijk. "Eerst vond ik het leuk, maar nu haat ik het. Mijn hele leven is aan me voorbijgegaan zonder dat ik de kans heb gehad ervan te genieten. Natuurlijk, er zullen wel evenveel droevige perioden als mooie tijden geweest zijn, maar ik heb niet de kans gehad om beide te ervaren. Ik voel me vanbinnen leeg. Ik heb het geschenk van het leven gemist."

"Je bent erg ondankbaar," zei de oude vrouw. "Maar toch mag je nog een wens doen."

Peter dacht even na en antwoordde toen snel. "Ik zou graag weer een schooljongen zijn en mijn leven opnieuw beleven." Toen viel hij weer in diepe slaap.

Weer hoorde hij iemand zijn naam roepen. Toen hij zijn ogen opende, was hij verrukt toen hij zijn moeder naast zijn bed zag staan. Ze zag er jong, gezond en stralend uit. Peter besefte dat de vreemde vrouw in het bos zijn wens inderdaad had vervuld, en hij was weer in zijn oude leven terug.

"Schiet op. Peter. Je slaapt te lang. Je komt nog te laat op school als je niet meteen opstaat," sprak zijn moeder vermanend. Het zal duidelijk zijn, dat Peter zijn bed uit stoof en zijn leven begon te leiden zoals hij had gehoopt. Peter had een leven vol vreugde, genoegens en triomfen, maar dat begon allemaal toen hij ophield het heden op te offeren voor de toekomst en hij voor het moment zelf ging leven.'

'Een indrukwekkend verhaal,' zei ik zacht.

'Helaas, John, is het verhaal van Peter en de Toverdraad niet meer dan een sprookje. Wij zijn hier in de werkelijkheid, die ons geen tweede kans geeft om het leven ten volle te ervaren. Vandaag is je kans om wakker te worden voor het geschenk van het leven – voor het te laat is. De tijd glipt echt door je vingers, als korreltjes zand. Laat deze nieuwe dag het bepalende moment zijn van je leven, de dag dat je voor eens en altijd besluit je te richten op wat werkelijk van belang voor je is. Besluit meer tijd door te brengen met degenen die je leven zin geven. Koester de speciale momenten, zoek genoegen in hun kracht. Doe de dingen die je altijd hebt willen doen. Beklim die berg die je altijd hebt willen beklimmen, of leer trompetspelen. Dans in de regen, of start een bedrijf. Leer van muziek genieten, leer een nieuwe taal en zoek de genoegens uit je kinderjaren terug. Stel je geluk niet langer uit omwille van het presteren. Waarom zou je in plaats daarvan niet van het proces genieten? Zoek nieuwe stimulansen en geef je ziel voeding. Dat is de weg naar nirvana.'

'Nirvana?'

'De Wijzen van Sivana geloven dat de ultieme bestemming van

alle waarlijk verlichte zielen een plaats is, genaamd nirvana. In feite meer dan een plaats, want volgens de Wijzen is nirvana een toestand, een toestand die alles wat ze kennen overstijgt. In nirvana is alles mogelijk. Er is geen leed, en de dans van het leven wordt uitgevoerd met goddelijke perfectie. Bij het bereiken van nirvana voelen de Wijzen dat ze een hemel op aarde betreden. Dat is hun ultieme levensdoel.' Julians gezicht straalde een rust uit die hem bijna iets van een engel gaf.

'We zijn hier allemaal met een bijzonder doel,' zei hij profetisch.

'Bezin je op wat je ware roeping is, en hoe je iets van jezelf aan anderen kunt geven. Wees niet langer een gevangene van de zwaartekracht. Wakker vandaag nog je levensvonk aan en zorg dat hij fel oplaait. Pas de principes en strategieën toe die ik je heb meegedeeld. Wees alles wat je kunt zijn. Er komt een tijd dat ook jij de vruchten zult proeven van die plaats die men nirvana noemt.'

'Hoe weet ik wanneer ik die toestand van verlichting heb bereikt?'

'Er zullen zich kleine aanwijzingen voordoen die je aankomst bevestigen. Je zult het heilige gaan zien van alles wat je omringt: de goddelijkheid van een straal maanlicht, de aanlokkelijke aanblik van een strakblauwe lucht op een smoorhete dag, de geur van een bloem of de lach van een kind.'

'Julian, ik beloof je dat de tijd die je met me hebt doorgebracht, niet vergeefs is geweest. Ik zal gaan leven naar de wijsheid van de Wijzen van Sivana en ik zal mijn belofte aan jou houden en het verder vertellen aan al diegenen die profijt zullen hebben van jouw boodschap. Ik spreek nu vanuit mijn hart. Ik geef je mijn woord.' In mijn oprechtheid voelde ik me vanbinnen diep geroerd.

'Verspreid de rijke nalatenschap van de Wijzen onder allen om je heen. Ze zullen snel hun voordeel doen met die kennis en hun levenskwaliteit verhogen, net zoals jij de kwaliteit van jouw leven verhoogt. En onthoud, de reis is bedoeld om te genieten. Onderweg is het even mooi als aan het einde.'

Ik liet Julian doorgaan. 'Yogi Raman was een goed verteller, maar er was één verhaal dat het won van alle andere. Mag ik je dat vertellen?'

'Natuurlijk.'

'Vele jaren geleden, in het oude India, wilde een maharadja een bouwwerk maken ter ere van zijn vrouw als teken van zijn liefde en genegenheid voor haar. Deze man wilde een bouwwerk maken zoals de wereld nog nooit had gezien, dat zou schitteren onder de maanverlichte hemel en dat de mensen de komende eeuwen zouden bewonderen. Dus zwoegden zijn arbeiders dag na dag, blok na blok, in de hete zon. Iedere dag begon dit bouwwerk iets meer vorm te krijgen, iets meer op een monument te lijken, iets meer een teken van liefde te worden tegen de azuurblauwe Indiase hemel. Eindelijk, na tweeëntwintig jaar gestage vorderingen, was dit paleis van puur marmer voltooid. Raad eens waar ik het over heb?'

'Geen idee.'

'De Taj Mahal. Een van de Zeven Wereldwonderen,' antwoordde Julian. 'Wat ik zeggen wil is simpel. Iedereen op deze planeet is een wonder. Iedereen is een held, op wat voor manier ook. Iedereen kan in wezen iets uitzonderlijks presteren, iedereen kan geluk en blijvende voldoening ten deel vallen. Hiervoor is niet meer nodig dan kleine stapjes in de richting van onze dromen. Net als de Taj Mahal wordt een leven dat overstroomt van wonderen stap voor stap opgebouwd, dag na dag, blok na blok. Kleine overwinningen leiden tot grote overwinningen. Piepkleine, in aantal toenemende veranderingen en verbeteringen zoals die ik heb aangeraden, hebben positieve gewoonten tot gevolg. Positieve gevolgen leiden tot resultaten. En resultaten inspireren je tot meer persoonlijke verandering. Beleef iedere dag alsof het je laatste is. Begin vandaag, leer meer, lach meer en doe wat je werkelijk graag doet. Laat je niet van je bestemming af brengen. Want wat achter je ligt en wat voor je ligt doet er weinig toe vergeleken bij wat er in je ligt.'

Zonder nog een woord te zeggen stond Julian Mantle, de miljonairadvocaat die een verlichte monnik was geworden, op, omhelsde me als de broer die hij nooit had gehad en wandelde mijn woonkamer uit, de benauwende hitte van een smoorhete zomerdag in. Toen ik alleen was en mijn gedachten ordende, zag ik dat het enige bewijs van het bijzondere bezoek van deze wijze boodschapper stilzwijgend op het tafeltje voor me stond. Het was zijn lege kopje.

Hoofdstuk 13 ✧ Samenvatting
JULIANS WIJSHEID IN EEN NOTENDOP

HET SYMBOOL

DE DEUGD Beleef het heden

DE WIJSHEID
✧ Leef in het nu. Geniet van het geschenk van het heden
✧ Offer nooit je geluk op voor prestaties
✧ Geniet van de reis en beleef iedere dag alsof het je laatste is

DE TECHNIEKEN
✧ Beleef de kinderjaren van je kinderen
✧ Oefen je in dankbaarheid
✧ Groei naar je bestemming

OM TE ONTHOUDEN *We zijn hier allemaal met een speciale reden. Wees niet langer een gevangene van het verleden. Word de bouwmeester van je toekomst.*

De 7 tijdloze deugden voor een verlicht leven

DEUGD		SYMBOOL
1 Bedwing je geest		De Schitterende Tuin
2 Volg je doel		De Vuurtoren
3 Beoefen kaizen		De Sumoworstelaar
4 Streef discipline na		Het Roze Koord
5 Respecteer tijd		De Gouden Stopwatch
6 Dien anderen belangeloos		De Geurige Rozen
7 Beleef het heden		Het Pad met Diamanten

EVENEENS VERSCHENEN

ISBN 978 90389 2149 5 – € 17,95

Waarin schuilt het geheim van waarachtig levensgeluk?

De succesvolle hoteleigenaar Dar Sanderson kan op een kwade dag niet om de vraag heen wat nog de zin van zijn leven is en hij moet bekennen dat hij ondanks zijn materiële welvaart een tamelijk leeg bestaan leidt. Tot hij Julian Mantle ontmoet, de 'monnik die zijn Ferrari verkocht'. Julian neemt Sanderson mee op een bijzondere reis naar zijn ware ik en een leven in harmonie met zichzelf. Gaandeweg maakt hij hem vertrouwd met de zeven lessen voor een gelukkig, zelfbewust bestaan en formuleert hij praktische antwoorden op vragen die niet alleen Dar Sanderson aangaan maar ons allemaal.

- Hoe kun je leren vertrouwen op je eigen onbegrensde mogelijkheden?
- Hoe kun je open en eerlijk naar jezelf blijven (of worden)?
- Hoe kun je het leven waarvan je droomt realiseren?
- Hoe kun je angst omzetten in geluk?
- Hoe kun je de liefde vinden waarnaar je op zoek bent?

Julians weg is een 'must have' voor alle fans van Robin Sharma's *De monnik die zijn Ferrari verkocht* en voor al diegenen die op zoek zijn naar levensvreugde, vertrouwen en innerlijke vrede.

EVENEENS VERSCHENEN

ISBN 978 90389 21488 – € 16,95

'Toen je werd geboren moest je huilen terwijl de wereld om je heen zich verheugde. Leef je leven op zo'n manier dat wanneer je doodgaat de wereld moet huilen terwijl jij je verheugt.'

Wie zich voelt aangesproken door de wijsheid van dit gezegde uit het Sanskriet, herkent wellicht het gevoel dat het leven zo snel verglijdt dat je de kans niet krijgt om de betekenis, het geluk en de vreugde ervan te ervaren, terwijl je er zo naar verlangt. In dit makkelijk leesbare boek reikt Robin Sharma 101 eenvoudige oplossingen aan voor de ingewikkelde problemen van alledag, variërend van een weinig bekende methode om je stress en zorgen te overwinnen, tot een krachtige manier om van je leven te genieten en een blijvende nalatenschap tot stand te brengen.

Voor iedereen die zich realiseert dat het leven meer is dan alleen succes najagen is dit boek een ideale leidraad.

Eveneens verschenen

ISBN 978 90389 2150 1 – € 19,95

We hebben het allemaal in ons de top te bereiken. We bezitten allemaal een buitengewone innerlijke kracht. We kunnen allemaal een belangrijke invloed hebben op de wereld om ons heen – als we daarvoor kiezen. Als u van plan bent uw leven boven het alledaagse uit te tillen, dan is *Op weg naar de top* een effectieve en praktische gids die u zal inspireren het maximale uit uw persoonlijke en professionele leven te halen. *Op weg naar de top* is gedreven, uitdagend en vol ideeën om dat doel te bereiken. Het is een van die zeldzame boeken die uw hoogste potentieel losmaken en het beste in u wakker schudden.
Leiders, topondernemers en vooraanstaande bedrijven in meer dan 40 landen hebben inmiddels een beroep gedaan op Robin Sharma en hun voordeel gedaan met diens inzichtelijke raadgevingen over het bereiken van de hoogste regionen.

Waag vandaag nog de sprong en leer wat de besten doen om nog beter te worden. Maak kennis met de persoonlijke rituelen van succesvolle mensen en leer hoe u het evenwicht tussen werk en ontspanning behoudt. *Op weg naar de top* helpt u het optimale uit uzelf te halen en een buitengewoon leven te leiden.